내 아이를 위한
3개의 통장

Copyright ⓒ 2011, 황선하
이 책은 한국경제신문 한경BP가 발행한 것으로
본사의 허락없이 이 책의 일부 또는
전체를 복사하거나 전재하는 행위를 금합니다.

우리 아이 결혼 전 8억 만들기

내 아이를 위한
3개의 통장

| 황선하 지음 · 신동규 감수 |

한국경제신문

| 감수의 글 |

일찍 시작할수록 '경제력'이 커진다

대한민국의 교육을 부러워하는 미국은 문맹률이 4%에 달한다. 이에 반해 우리의 문맹률은 0%를 자랑한다. 그러나 금융문맹률Financial Illiteracy Rate은 우리가 훨씬 취약하다. 미국의 부모들은 약 70% 이상이 자녀들의 금융교육에 시간과 노력을 투자하는 반면 우리는 그 절반인 33% 정도에 지나지 않는다. 선진국들은 부모들이 나서서 자녀의 어린 시절부터 금융·경제에 대한 기초 교육을 통해 자본주의 시장에서 자녀의 경쟁력을 형성시킨다.

반면 우리의 경우에는 입시 중심의 교육으로 인해 아이들이 금융·경제교육의 중요성을 인식하지 못하고 있다. 하지만 21세기 자본주의 사회를 살아가는 데는 문맹보다 금융문맹이 더 큰 사회적 장애가 될 수 있다. 미국 등 선진국에서는 DECA, NFTE, JA 등의 경제

교육을 통해 어린 시절부터 자본주의 시장에서의 '경제력'을 키워준다. 이제는 우리도 보다 일찍 경제교육을 시작해 자녀들의 경제 감각을 키워주어야 할 때이다.

부모는 자녀의 거울이다. 자녀가 부모를 보고, 배우고, 따라한다는 것을 모르는 사람은 없다. 그러나 유독 '돈'과 '경제'에 있어서는 자녀에게 무엇인가 가르치겠다는 사람이 드물다. '부자'라는 단어에서 생성되는 대한민국 특유의 부정적인 인상이 그 이유 중 하나일 수 있으나 누구나 풍요로운 삶을 꿈꾼다는 점은 부정할 수 없는 사실이다. 많은 사람들이 재테크를 하기 위해 노력하는 이유는 결국 더 부유해지려는 의지의 실현인 것이다.

〈내 아이를 위한 3개의 통장〉은 '복리', '금', '주식'이라는 3개의 통장을 아이와 함께 운영하는 구성을 갖추고 있다. 금융인으로서 바라볼 때, 아이의 경제교육과 실제 상품에 대한 투자를 병행한다는 접근이 흥미롭다. 일반인들이 주체적인 금융 마인드를 확립하지 않고 그저 소문이나 유행을 따라 재테크를 시작하고 운영하는 점을 항상 우려하던 한 사람으로서 이 책의 내용은 주위에 추천하고 싶은 유효한 방식이다.

복리통장에서 장기투자를, **금통장**에서는 분산투자를, **주식통장**을 통해서는 기업을 중심으로 한 경제의 큰 흐름을 익힌다면 아이들이 자랐을 때는 별도의 자산관리사가 필요 없을 정도의 금융 마인드를 지니게 될 것이다.

또한 이 책에서 제시하는 3개의 통장을 실천해 나가면 내 아이를 경제력을 갖춘 성인으로 키워나갈 방법을 알게 되며, 단순히 물질적인 면에서 뿐만 아니라 정신적인 면에서도 자라나는 것을 볼 수 있다. 이 책은 내 아이가 지금의 부모 나이가 되었을 때 더욱 풍요로운 인생을 살 수 있는 실질적인 방법을 제시한다.

그렇지만 그 이면에는 정작 부모가 자녀에게 물려주어야 할 것은 돈이라는 유산이 아니라 아이 스스로 어떠한 상황에서도 흔들리지 않을 참다운 경제력이라는 교훈이 있다.

이 책이 많은 부모들에게 내 아이를 위한 훌륭한 경제교육서가 되어 우리의 자녀들에게 더 윤택한 미래를 열어주기를 바란다.

전국은행연합회 회장

신 동규

| 저자의 말 |

아이의 미래를 위한 가장 큰 선물

"우리나라 아이들도 선진국 아이들처럼 어린 시절부터 경제교육을 받을 수 있도록 하자"라는 목표로 어린이·청소년 경제체험교육을 시작한 지 어느덧 12년이 되었다.

경제에 대해서는 배운 적도 없고 어떻게 가르쳐야 할지 모른다는 수많은 부모들의 고민이 이 책을 쓰게 했다.

학교에서 배우는 학문적 지식 외에도 생활에서 활용할 수 있는 교육을 바탕으로 '내 아이가 윤택한 삶을 살았으면' 하는 것은 대한민국 모든 부모들의 바람이다. 이를 위해 이 책에서 실현 가능한 대안을 제시한다. 경제교육을 통해 생활경제의 지식을 아이들과 공유하고, 습득한 지식을 바탕으로 아이들이 보다 폭넓은 눈으로 세상을 살아갈 수 있도록 지원해주는 것이 목적이다.

만일 월급을 받아 살아가는 우리에게 별도로 3개의 통장이 있어 돈이 계속 늘어나 이자만으로도 생활이 가능하다면 어떻겠는가? 직장생활이 보다 재미있고, 자신감 넘치지 않겠는가? 사회생활과 대인관계가 보다 활기차지 않겠는가? 취미와 여행을 통해 삶이 보다 여유롭지 않겠는가? 만일 우리가 못하고 있다면, 이 책을 읽으면서 아이에게 그러한 미래를 선물하자는 것이다.

어렵지 않다. 이 책을 통해 우선 부모가 경제생활이 쉽고 재미있다는 사실을 깨닫고, 아이와 함께 집에서, 생활에서 실천하면 된다. 아이의 미래를 위한 가장 큰 선물이 될 것이다.

이 책의 발간을 위해 많은 노력을 해주신 한경BP 관계자들과 교육현장에서 만난 수많은 학부모들과 학생들, 교육적 지식을 제공해주신 강인애 교수님, 정헌주 교수님, 아이빛연구소의 든든한 직원들, 무엇보나 나에게 무한 에너지를 제공하는 수경, 원지, 지민에게 감사의 마음을 전한다.

2011년 봄
황선하

| 프롤로그 |

부자의 첫걸음, 돈에 눈을 뜨게 하자

"형님, 저 집 좀 구해주세요!"

얼마 전, 방송국 사회부 기자로 일하는 후배가 간곡히 도움을 청해왔다. 몇 년간의 지방 근무를 마치고 서울로 올라온 후배는 전셋값도 너무 오른 데다 정보가 없어 난감해했다. 워낙 사정이 급한지라 나는 발 벗고 나서 후배가 원하는 조건의 집을 찾아줄 수 있었다. 그리고 얼마 후 "집을 계약해야 되는데, 형님이 와주실 수 있나요? 계약서를 써본 적이 없어서." 순간 멍한 기분이 들었다. 아니, 나이가 서른 중반이나 되고 사회부 기자라는 사람이 계약서를 쓸 줄 모른다니… 기가 막힐 노릇이었다. 그는 꽤나 명석한 두뇌를 지닌 사회 엘리트였지만 경제적인 측면에서는 형편없는 미성숙자였다.

헌데 이러한 경제 능력 미성숙자들은 비단 그 후배만이 아니다. 의외로 주변에 많은 사람들이 제 힘으로 해야 하는 경제생활을 다른 사람에게 의존하고 있다. 그 후배처럼 계약서를 쓸 때 부모나 지인을 불러 대신 쓰게 한다든지, 카드나 생활비의 개념이 없어 무절제하게 생활한다든지, 세금문제를 어려워한다든지 등의 문제를 겪으며 자주적인 경제활동을 하지 못하는 성인들이 많다.

물론 그런 것을 못한다고 가난하게 사는 것은 아니라고 반박할 사람도 있겠지만 결국 경제는 일상생활과 밀접하기 때문에 결코 무시할 수 없다. 즉, 경제생활에 있어 걸음마 수준인 사람이 어떻게 걷고, 달려서 윤택한 미래를 가꿀 수 있겠는가! 막막할 따름이다.

어쩌면 이러한 문제는 지금 당신에게도 있는 일일지 모른다. 나는 아니라고 생각해도 막상 경제생활 생존능력에 대해 검사하면 여실히 문제점이 드러나는 경우가 많다. 때문에 혹시 '나는 제대로 된 경제활동을 하고 있는지' 객관적으로 되돌아볼 필요가 있다. 따라서 다음의 몇 가지 질문에 답하고 자신의 경제활동 을 점검해보자.

▶ **나의 경제활동 체크하기 : 엄마**

- 시장을 볼 때 미리 계획을 정확히 세우는가?
- 충동구매가 전체의 10%를 넘지 않는가?
- 영수증을 꼭 챙기며 가계부를 쓰고 있는가?
- 아이에게 용돈을 주고 그 사용에 대해 적절히 점검하는가?
- 시장을 보거나 백화점, 은행 등에 갈 때 아이를 동반하는가?
- 은행에 있는 나의 통장 금리는 정확히 알고 있는가?

- 각종 공과금에 대해 정확한 납입일을 알고 있는가?
- 보험이나 펀드를 이해하며, 이를 정확히 활용하고 있는가?
- 값이 저렴한 인터넷 쇼핑몰을 적절히 활용하고 있는가?
- 아이가 우리집의 다양한 지출에 대해 알고 있는가?
- 아이가 가장 갖고 싶어 하는 제품의 상표와 가격을 알고 있는가?
- 잔돈을 모으고 관리할 수 있는 방법을 가지고 있는가?

▶ **나의 경제활동 체크하기 : 아빠**

- 술, 담배로 돈이 새나가지 않게 절제하고 있는가?
- 외식, 문화생활 시 각종 포인트를 적절히 활용하는가?
- 자동차 관련 보험, 기름값, 세금 등에 대해 절약을 하기 위해 다양한 회사를 비교하는가?
- 대형마트에 가면 적극적으로 쇼핑을 주도하는가?
- 신문을 볼 때 경제면을 자주 읽고 관심을 가지는가?
- 주식을 하면서 작은 정보에 휩쓸리는 일은 없는가?
- 비과세 급여통장을 가지고 있으며 활용하고 있는가?
- 이자수익에 붙는 세금에 대해 정확히 알고 있는가?
- 내가 얻는 경제 관련 정보를 정확하고 신속하게 검증할 수 있는가?
- 아이의 용돈 액수와 사용처를 잘 알고 있는가?
- 아이가 아빠의 회사와 아빠가 하는 일을 정확히 알고 있는가?
- 아이(초등학생 이상)가 우리집의 수입을 알고 있는가?

대부분의 질문에 '그렇다'고 대답한 독자라면 경제생활이 몸에 배어 있는 사람이다. 그러면 당신은 이미 자녀의 경제관에도 좋은 영향을 미치고 있다. 그러나 그렇지 않은 독자라면 경제에 대해 조금 더 깊은 애정을 쏟아야 한다. 부모의 경제 능력은 곧 자식의 경제 능력과 비례한다. 아무리 교육열이 높다 해도 경제 능력은 고스란히 부모에게서 보고, 느끼고, 배우기 때문이다. 현재 우리나라에서는 실질적인 경제교육이 이루어지는 곳이 없다. 따라서 내 자식을 부자로 키우고 싶다면 부모가 더욱 경제에 대해 이해하고 관심을 기울여야 해답을 얻을 수 있다.

경제교육은 경제생존 능력을 키워주고, 아이에게 윤택한 미래를 약속한다. 부모가 경제를 몰라 저질렀던 어리석은 실수를 반복하지 않게 일찌감치 초석을 마련해준다. 더군다나 경제를 아는 아이는 학과 성적에서도 우수하다. 미국 플로리다대학의 연구 결과를 보면 경제교육의 효과가 극명하게 나타난다.

연구팀은 한 학교에 똑같은 수준의 클래스를 두 개 만들어 다음과 같은 실험을 했다. A 클래스는 정규수업 이후에 6개월간 기업가정신 교육(경제교육)을 받게 했고, B 클래스는 정규수업만 받은 뒤 자유공부를 하도록 했다. 모두가 예측하기로 자유공부를 하는 아이들이 시간적으로 더 많은 공부를 할 수 있어 성적이 더 높을 것으로 예상했다. 그러나 그 반대의 현상이 나타났다. A 클래스의 학생들은 전년도 성적보다 읽기 13%, 언어 6%, 사회 11%가 올랐다. 더 놀라운 사실은, B 클래스와 비교해서는 읽기 16%, 언어 15%, 철자법 15%, 수학

경제·기업가정신 교육이 학생들의 학업 성적에 미치는 효과

구분	전년도 학기말 대비			비교육 학생들과의 비교					
영역	읽기	언어	사회	읽기	언어	spelling	수학	사회	과학
증가율	13%↑	6%↑	11%↑	16%↑	15%↑	15%↑	15%↑	19%↑	39%↑

출처 : Howard S. Rasheed, Ph.D. ; University of South Florida. "The Effects of Entrepreneurship Training and Venture Creation on Youth Entrepreneurial Attitudes AND ACADEMIC PERFORMANCE."

18%, 사회 19%, 과학 39%가 높은 것으로 나타났다. 이는 경제교육을 받는 학생들이 학업 면에서도 뛰어남을 증명해주는 확실한 사례이다.

경제교육의 이점은 올바른 '돈'의 개념을 깨닫는 것이다. 경제교육에서 가장 많이 거론되는 단어 중 하나는 돈이다. 돈은 경제 전반을 움직이는 주축이자 우리의 생존 수단이다. 그래서 돈에 대한 가르침만큼 현실적인 것은 없다.

그러나 우리는 모두 부자가 되고 싶어 하면서도 돈 이야기를 하는 것은 매우 불편하게 생각한다. 돈을 말하면 속물처럼 비춰져 쉽게 얘기를 꺼내지 않는 탓이다. 이러한 정서는 아이들에게 암묵적으로, 때로는 직접적으로 전달되어 돈에 대한 부정적인 이미지를 만든다. 하지만 이는 얼마나 모순인가!

돈이 이처럼 왜곡된 데에는 올바르지 못한 경제교육 때문이다. 실제로 현재 일부에서 시행되는 경제교육 프로그램 중에는 돈에 대해 제대로 가르치지 않으면서 '저축하라', '아껴 써라', '기부하라'라고만 강요하는 경우가 많다. 돈의 의미가 무엇인지도 모르는데 왜 저축을 해야 하는지, 기부는 또 왜 해야 하는지 알 수 있을까? 행동을 요구할 때에는 행동의 근본적인 이유를 알아야 수긍할 수 있다. 따라서 경제교육이 제대로 정립될 때 돈에 대한 가치를 깨닫고 돈과 접할 수 있는 기회를 스스로 만들며, 돈을 이용하는 방법을 터득한다. 이것이 자주적인 경제 엘리트의 모습이며 부자의 지름길이다.

감수의 글	일찍 시작할수록 '경제력'이 커진다	• 005
저자의 말	아이의 미래를 위한 가장 큰 선물	• 008
프롤로그	부자의 첫걸음, 돈에 눈을 뜨게 하자	• 010

PART 1
내 아이의 미래를 여는 3개의 통장

01	3개의 통장, 하루라도 어릴 때 시작하자	• 023
02	내 아이만큼은 부자로 만들 수 있다	• 031
03	당신의 앨리스지수는?	• 037
04	내 아이의 앨리스지수는?	• 043
05	경제교육의 바탕은 믿음이다	• 049
06	부자나라의 앨리스를 잡아라!	• 054

● 부자와 가난한 자의 차이 • 060

PART 2 _ 내 아이를 위한 첫 번째 통장
스스로 불어나는 습관의 복리효과 '적금통장'

| 01 | 3개의 통장과 함께 여는 경제교육 | • 063 |
| 02 | 든든하고 믿음직한 앨리스 '복리식 적금통장' | • 070 |

03 아이의 경제습관 복리처럼 키우자	• 078
04 왜 용돈을 주어야 하는가?	• 082
05 어려운 용돈기입장 쓰게 하지 마라!	• 089

● 경제를 아는 아이는 다르다-1 • 096

PART 3 ___ 내 아이를 위한 두 번째 통장
최고의 투자가치, 영원한 안전자산 '금통장'

01 단순한 저축은 그만! 더 큰 꿈을 주자	• 103
02 '금'으로 저축을 할 수 있을까?	• 106
03 경제침체기에 더 빛나는 앨리스 '금 통장'	• 112
04 은행에 자녀를 데려가야 하는 이유	• 119
05 성취감을 느낄 수 있는 기회	• 125

● 경제를 아는 아이는 다르다-2 • 132

PART 4 ___ 내 아이를 위한 세 번째 통장
경제를 보는 눈과 수익률이 함께 크는 '주식통장'

01 공부와 투자를 겸하는 마법 '주식통장'	• 141

02	주식과 펀드는 무엇이 다를까?	• 145
03	변화하는 경제를 파악하는 주식시장	• 150
04	가정의 경제계획에 직접 참여해보게 하자	• 156
05	박물관을 활용한 '스토리텔링 경제교육'	• 161

● 경제를 아는 아이는 다르다-3 ················· • 168

PART 5
내 아이를 부자로 만드는 3개의 통장

01	3개의 통장이 열어주는 윤택한 미래	• 177
02	또 하나의 재테크, '증여세'	• 184
03	다들 하니까 똑같은 교육을 할 것인가?	• 188
04	행복한 부자, '나눔과 경제윤리'를 가르치자	• 193
05	소비자의 눈만으로는 부족하다	• 197
06	경제습관을 위한 10가지 지침	• 206

● 연령별 경제교육 MUST DO ················· • 210

PART 6
내 아이와 함께 배우는 경제공부

01	피카소 그림은 왜 그렇게 비싼가요?	• 215
02	놀이공원도 가고 싶고, 극장도 가고 싶은데 어떡하죠?	• 219
03	1,000원짜리 지폐에 훈장님이 있다고요?	• 222
04	극장에서 파는 콜라는 왜 더 비싸죠?	• 226
05	1원이랑 1달러는 똑같지 않나요?	• 232
06	은행에서는 저금만 하나요?	• 236
07	우리집은 우리 것이 아닌가요?	• 242
08	시험 못 보면 대신 혼나주는 보험은 없나요?	• 246
09	아이스크림에도 세금이 붙나요?	• 249
10	아빠 월급은 얼마예요?	• 254
11	안 쓰는 장난감을 팔 수 있나요?	• 260
12	과자 광고에 왜 아이돌 가수가 많이 나오나요?	• 267
13	피자집은 왜 쿠폰을 발행하나요?	• 271
14	친구에게 돈을 빌려줘도 되나요?	• 275

● 아이와 함께 하는 '경제빙고 게임' • 278

에필로그 즐거운 경제생활이 행복한 부자를 만든다 • 280

내 아이를 위한 3개의 통장

PART 1
내 아이의 미래를 여는 3개의 통장

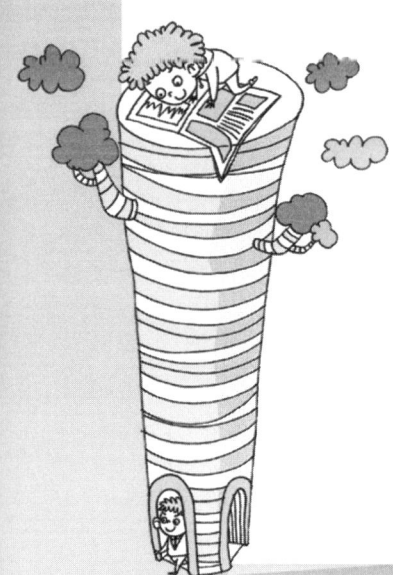

내 아이의 미래를 여는 3개의 통장

세계를 대표하는 부자들의 공통점은 무엇일까? 누구나 알고 싶은 이 비밀의 열쇠는 의외로 간단하다. 바로 남보다 '돈을 빨리 알았다'는 데 있다.

워렌 버핏은 11세 때 이미 신문배달을 하며 돈을 저축했고, 이렇게 모은 돈으로 고등학교 때는 사업을 시작했다. 친구와 함께 핀볼게임기를 이발소에 대여해 이발소와 이익을 나누는 조건으로 학생답지 않은 사업수완을 발휘했다. 그는 이 사업을 통해 고등학교를 졸업할 때까지 6,000달러라는 당시로서는 매우 큰 금액을 모았고, 이 돈은 훗날 금융재벌 워렌 버핏을 만드는 종잣돈이 되었다.

사실 '부'는 공부를 얼마나 하느냐, 좋은 대학을 나왔느냐의 문제가 결정하는 것은 아니다. 내 아이가 어떤 생각을 가지고 어떤 경험을 했는지가 결정한다. 창의적인 생각과 경험을 통해 미래를 스스로 개척할 수 있어야 한다. 그러기 위해서는 일찍부터 돈과 친해지는 경제교육이 선행돼야 그 역할을 다할 수 있다.

아이의 교육을 생각할 때 우리는 IQ intelligence quotient 와 EQ emotional quotient 를 중요시 여긴다. 그러나 경제라는 일상을 살아가야 하는 현대인으로서 경제생활에 얼마나 생존능력을 갖추고 있느냐의 문제도 매우 중요하다.

01
3개의 통장
하루라도 어릴 때 시작하자

입시철이 지나고 나면 강남의 각 은행 PB센터에는 많은 젊은이들이 발을 디딘다. 일반인들을 보기 힘든 VIP실에도 갓 20대에 들어선 젊은이들이 붐비는 이유는 부모가 만들어주는 통장 때문이다. 성인이 된 기념이거나 대학 입학 축하의 의미로 통장 하나를 만들어주기도 하지만 더 중요한 것은 부모가 투자하는 모습을 보여주기 위함이다. 사람의 인생 전체를 관통하는 가치 중에 '경제력'이 주요한 위치를 차지한다는 것은 현실에서 누구나 체감하고 있다. 그러나 우리는 '돈'이나 '재산'을 불리려는 노력만 할 뿐이지, '경제력'이라는 것이 진정으로 어디에서 나오는 것인지에 대한 고민이 없다.

　강남의 부유층들은 단순히 '재산'을 물려주는 차원을 넘어 자녀의 '경제감각'을 키워주기 위해 노력하는 것이다. 각각의 재정상태에 따

라 어떤 금융상품을 활용하고 어떤 투자결정을 내리는지 부모가 직접 보여주고 자녀가 간접적으로나마 체험할 수 있게 하는 것이다.

우리는 뉴스를 통해 미성년자 주식 부자들이 많다는 보도를 접한다. 아직 어린 학생들에게 일반인으로서는 상상할 수 없는 많은 금액을 미리 증여하고 있다는 것을 보면 상대적인 부의 상실감을 느낀다. 평생을 모은다고 내 자녀에게 그들의 현재만큼의 재산을 물려줄 수 없다는 괴리감 때문이다.

그렇다고 평범한 부모가 물려줄 수 있는 것이 정녕 없는 것일까? 그렇지 않다. 방법은 의외로 간단하다. 부자들보다 먼저 내 아이가 재테크를 시작한다면 내 아이의 재산은 쉽게 불어난다. 일단 아이의 재테크에 가속도가 붙기 시작한다면 그때는 굳이 부모가 재산을 물려주려고 하지 않아도 충분한 재산을 소유하고 있을 것이다.

아이가 초등학교에 들어가는 8세부터 20만원을 매월 투자하는 경우를 보자. 재테크 수익률을 13%로 설정했을 때 아이가 사회에 첫 발을 내딛기 시작할 무렵인 27세에 벌써 2억원이 넘는 금액을 지니게 된다. 그러나 보통의 경우처럼 사회생활을 시작하면서 매월 20만원을 투자한다면 28세부터 10년이 지난 37세에 겨우 5천만원 정도가 있을 것이다. 반대로 8세부터 투자를 시작한 아이가 10년을 더 투자를 이어간다면 무려 8억원에 이르는 재산을 갖게 되는 것이다.

그러나 이러한 단순 비교의 격차는 보이는 것보다 훨씬 크다. 어려서부터 3개의 통장을 통해 실제 투자를 하며 경제감각을 익힌 아이의 경제능력은 예시한 13%의 수익률 이상의 재테크 능력을 발휘한다.

매월 20만원을 투자했을 경우의 수익

투자금 월20만	1년 (8세)	5년 (12세)	10년 (17세)	15년 (22세)	20년 (27세)	25년 (32세)	30년 (37세)
원금	2,400,000	12,000,000	24,000,000	36,000,000	48,000,000	60,000,000	72,000,000
해당 연도 수익	312,000	2,021,844	5,746,962	12,610,249	25,255,411	48,553,301	91,478,615
원리금	2,712,000	17,574,494	49,954,360	109,612,164	219,527,800	422,040,236	795,156,271

투자금: 매월 20만원, 수익률: 연간 13%, 투자금을 재투자시

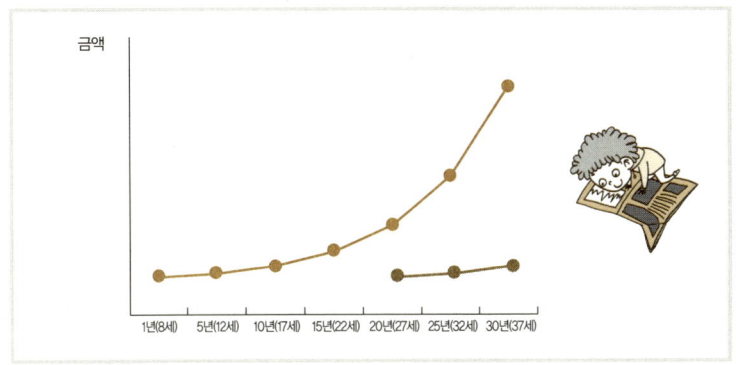

또한 많은 사람들처럼 사회생활에 들어서며 재테크를 시작하는 경우는 일반적인 적금이나 보험 정도 밖에 생각하지 않으므로 연간 10%의 수익을 실현하는 것도 불가능하다.

★ 3개의 통장을 권하는 이유

우리는 저금리 시대를 살아가면서 과거처럼 단순한 저축만으로 많은 부를 축적한다는 것은 불가능하다는 사실을 알고 있다. 일반적인 금리의 수익률은 매년 오르는 물가상승률을 결코 따라가지 못하기 때

문이다.

그러나 아이에게 3개의 통장을 만들어주면 이러한 걱정을 확실히 해소시킬 수 있다.

첫째는 복리식 적금통장이다.

복리식 적금은 금리가 다소 적게 느껴지더라도 그 효과는 일정한 '시간'이 지나면 기하급수적으로 늘어난다. 만약 13%의 복리적금 상품이 있다면 그 수익의 증가율은 20~25년이 되는 시점부터 폭발적으로 증가해 아이는 그저 가만히 있어도 돈이 알아서 돈을 벌어다주는 경험을 한다.

둘째는 금통장이다.

금통장을 주목하는 이유는 금이 최근의 재테크 수익률이 가장 높기 때문이기도 하고 가격변동성을 염두에 두더라도 금가격이 인플레이션과 반응해 움직이는 특성상 결코 손해가 되지도 않기 때문이다.

최근 10년간 금값 변동

기준년도	가격(U$)/Oz
2001	345.30
2002	340.80
2003	415.50
2004	438.50
2005	517.00
2006	636.70
2007	833.90
2008	882.10
2009	1218.00
2010	1403.20

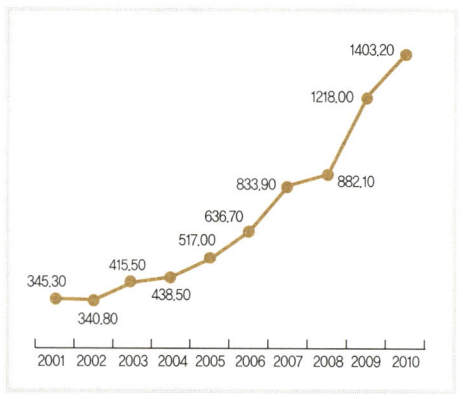

2010년 재테크 수익률을 평가했을 때 채권과 부동산을 제치고 금이 재테크 수익률 1위였을 뿐아니라 최근 10년의 채권, 부동산, 주식, 금의 수익률을 분석한 자료에서도 최고 수익률을 나타냈다.

금을 직접 투자할 경우는 별도의 비용으로 관세, 부가가치세 10%, 보관료 등이 발생하며 적은 금액으로 투자하기 어렵다는 단점이 있다. 하지만 금통장은 금액이 아닌 금의 무게(g)가 찍히기 때문에 소액으로도 투자할 수 있고 향후 금값이 변하더라도 통장에 찍힌 만큼의 금의 양에는 변화가 없기 때문에 금 가격이 올라가면 그만큼의 시세차익이 생긴다.

셋째는 주식통장이다.

주식통장을 만들라고 하면 많은 부모들이 놀란다. 본인들도 만들어놓고 곧잘 손해만 보는 애물단지를 아이에게 만들어주어서 어떻게 관리하느냐는 볼멘소리를 한다. 주식이라는 것이 수익을 많이 올릴 수 있는 수단이라는 것을 알고는 있지만 부모 스스로도 주식을 잘 알지 못하고 두려워하기 때문이다. 오히려 대박과 쪽박이라는 환상을 어린 자녀에게 심어주라는 것이냐며 화를 내는 사람도 많다.

하지만 주식이 어렵고 위험한 이유는 단기에 큰돈을 벌고자 하는 욕심이 개입되기 때문이다. 다른 투자자산과는 달리 주식은 변동성이 매일 숫자로 표시되기 때문에 수익이 나면 팔고 싶은 욕구가 일어나고, 떨어지면 공포에 떨기 마련이다. 오래 보유하기가 쉽지 않다는 말이다.

그러나 이를 자녀를 위한 평생대계로 활용한다면 이야기는 달라진

삼성전자 주가 변화 추이

다. 많은 전문가들이 추천하는 우량주(국내 대표주)에 분산투자해 오래 보유하는 것이다. 주식의 변동성을 무시하고(혹은 폭락이 오더라도) 꾸준히 투자한다면 주식투자로 결국 성공할 수 있다. 이는 과거의 자료를 통해 눈으로 쉽게 확인할 수 있다. 폭등이 오면 여론에 휩쓸려 투자를 뒤늦게 시작하고, 폭락이 오면 보유한 주식을 다 팔고 온갖 부정적인 소리를 뱉으며 절호의 찬스를 놓치는 어리석은 주식투자자의 악습을 반복할 이유가 사라진다.

길어야 2~3년인 단기적인 성향을 버린다면 주식으로 그 어떤 상품보다 높은 수익률을 기록할 수 있다. 국내 대표주의 지난 20~30년의 주가 변화를 보더라도 대부분 수십 배의 높은 수익이 발생했음을 알 수 있다(이 중 한두 개 기업에 문제가 발생해도 수익은 여전히 높다).

일반인들이 주식을 두려워하는 이유는 잘 모르는 길이기 때문이다. 아이들에게 일찍부터 기업에 대해 가르치고 주식을 운용하는 방법을

포스코 주가 변화 추이

알려주면 아이는 성공과 실패를 거듭하면서 이내 주식통장이라는 편안한 길을 걷게 된다. 또한 아이에게는 '평생'이라는 투자 시간이 있기 때문에 우량한 기업에 투자해 길게 바라보면 엄청난 수익을 발생시킬 수 있다. 결국 주식은 계속해서 오르기 때문이다.

★ 3개의 통장을 가진 아이의 미래

이렇게 해서 내 아이가 3개의 통장을 가지게 된다면 어떠한 인생을 살아가게 될까? 가정에 예측할 수 없는 경제적 어려움이 생기더라도 이 3개 만큼은 깨지 않고 아이가 굴려갈 수 있게 해준다면 사회생활을 시작하는 단계에서부터 이미 경제적 자립을 하게 된다.

보통의 경우, 사회생활을 시작하는 28세 전후에 경제능력이 생기

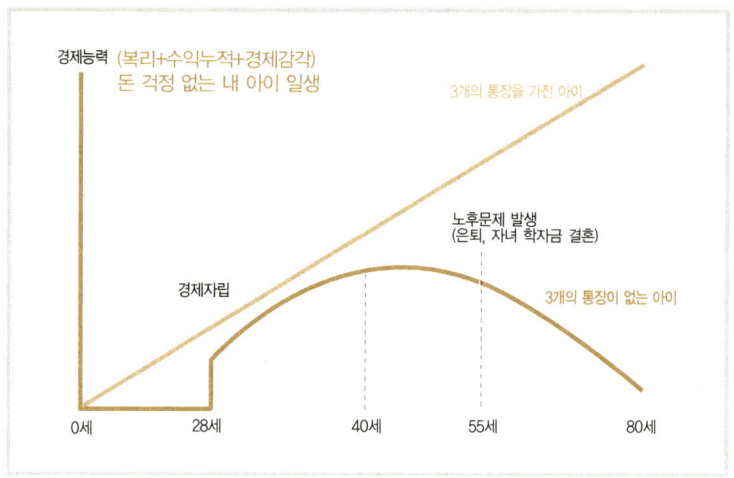

는데 가정을 이루고 자녀를 키우는 40대를 넘어서면서 그 능력도 점점 줄어든다. 그러나 3개의 통장을 마련해준 아이의 경우에는 28세 정도부터는 벌써 경제 자립을 시작할 가능성이 크다. 3개의 통장에서의 수익뿐만 아니라 이를 운영하는 데서 생기는 수많은 경제지식과 경제능력이 경제 자립 시기를 비교할 수 없을 정도로 빠르게 앞당기기 때문이다.

　3개의 통장을 가진 아이는 자라면서 복리의 효과를 체감하고, 통장의 수익은 늘어나며, 이를 통해 발달한 경제감각이 더욱더 아이의 부를 키워준다. 따라서 무엇보다 중요한 것은 남들보다 빨리 시작해서 내 아이가 뒤처지는 일이 없도록 하는 것이다.

02
내 아이만큼은 부자로 만들 수 있다

2010년 한길리서치연구소가 전국 성인 남녀 1천 명을 대상으로 재미있는 설문조사를 했다.

'재산이 얼마나 있어야 부자라고 생각하는가?'

이 질문의 응답자를 대상으로 평균 수치를 낸 결과, 현금과 부동산, 주식 등을 합친 총자산이 33억 8,630만원이라는 금액이 기준으로 제시됐다. 33억원 정도를 가져야 부자의 대열에 합류할 수 있다는 것이다. 그렇다면 '부자가 될 수 있다고 생각하는가?' 라는 질문에 응답자들의 반응은 어떠했을까? '가능하다'고 답한 사람은 41.6%였으며 나머지는 '별로 가능성이 없다' 거나 '전혀 불가능하다'고 답했다. 여기서 흥미로운 점은 10명 중 6명은 이미 부자에 대한 꿈조차 포기했다는 사실이다. 가장 활발히 생산적 활동을 할 시기에 미리부터 부자에

대한 목표를 접는 것은 경제 의지를 꺾은 것이나 마찬가지다. 그들에게 부란 세습적인 의미가 무엇보다 강하게 작용했기 때문이다.

하지만 부모들에게 '당신의 아이는 부자가 될 수 있을 것이라 생각하는가?' 라는 질문을 던지자 다른 대답이 나왔다. 자녀에 대한 기대심리와 부모의 보상심리가 합쳐져 '그렇다' 라는 긍정적인 답이 압도적이었다. 그도 그럴 것이 부모에게서 자녀란 '미래의 희망' 이 아니던가. 부모라면 누구나 내 자식이 풍요로운 삶을 살기를 진심으로 바란다.

이러한 부모의 바람은 교육열과도 비례한다. 우리 민족의 교육열은 유대민족과 비교될 만큼 세계적으로 유명하다. 오죽했으면 미국 대통령 버락 오바마조차 대한민국의 교육을 배우라고 목청을 높였겠는가. 그 정도로 우리 민족의 교육열은 세계 최고 수준이며 두뇌도 탁월하고 성격이 부지런하기로 유명하다. 이렇게 뛰어난 민족성을 가진 우리가 그만큼의 경제 소득을 얻는 것은 당연하지 않겠는가! 하지만 현실은 어떠할까?

미국의 경제전문지 〈포브스〉는 매년 세계적인 부자들의 순위를 제시한다. 2009년 미국의 400대 부자 중 유대인은 139명, 2010년에는 상위 40위의 45%가 유대인이었다. 그에 비하면 우리 민족은 세계적인 부자라고 할 사람이 없다. 〈포브스〉에 따르면 고작해야 삼성그룹의 이건희 회장이 2010년에 100위, 정몽구 현대자동차 회장이 249위에 랭크되었을 뿐이다. 유대민족처럼 두뇌가 뛰어나고, 공부에 열심인 한민족인데 경제능력에서는 현저한 차이를 보이는 까닭은 무엇일까?

예부터 유대인들의 자녀교육서라 할 수 있는 〈탈무드〉에서 문제의 해답을 찾을 수 있다. 유대인 부모들이 자녀들에게 가장 많이 들려주는 탈무드의 내용 중에는 이러한 이야기가 있다.

"세상에는 굉장히 많은 종류의 고통이 있다. 팔이 없는 고통, 눈이 없는 고통, 부모를 먼저 잃은 고통, 자식을 잃은 고통 등등. 그러나 그런 고통을 전부 다 합쳐도 가난의 고통만 하지 못하다. 가난하면 나만 가난한 게 아니라 주변 사람들에게 피해를 준다. 주변 사람들이 도와줘야 하기 때문이다. 그러니 절대 가난하지 마라."

"돈으로 열리지 않는 문은 없다. 그러나 돈을 너무 가까이 하지 마라. 돈에 눈이 멀어진다. 돈을 너무 멀리하지도 마라. 너의 처자식이 천대받는다."

이처럼 유대인들은 어린 자녀에게 돈에 대한 중요성을 노골적으로 이야기한다. 친구에게 돈을 빌려줄 때는 어떻게 해야 하는지도 상세히 일러준다. 이렇게 함으로써 실생활에서 돈이 사람들에게 미치는 영향과 바른 사용법을 어릴 적부터 일깨우며 돈을 올바로 아는 경제교육을 시키는 것이다.

어려서부터 돈에 대해 현실적인 가르침을 받는 유대인들과 달리 우리는 돈에 대해 제대로 배우지 못한다. 아니, 오히려 돈에 대한 부정적인 가르침을 받는다. "쓰레기와 돈은 쌓일수록 더럽다"는 일본 속담처럼 돈에 집착하지 말라는 말들을 한다. 돈을 드러내놓고 좋아하거나 따지는 것을 미덕으로 여기지 않기 때문이다.

이를 증명이라도 하듯 학교에서조차 실제적인 경제생활에 대한 교육은 일체 시키지 않는다. 사회과목 안에 피상적인 경제이론만 들어 있을 뿐 정작 실생활에서 돈을 어떻게 벌고, 사용하고, 어떻게 대해야 하는지를 알려주는 교육은 끝내 접할 수 없다. 때문에 아이는 성인이 되어서도 돈을 다루는 방법과 효용가치를 모른 채 사회에 나와 돈 벌 궁리만 하게 된다. 그 결과 돈에 대한 쓴맛을 제대로 보는 경우가 많다.

경제지식이야말로 사회의 흐름을 읽고 위험에 대비하거나 위험을 미연에 방지하는 역할을 한다. 더욱이 사회의 흐름을 읽으면 돈의 흐름을 알 수 있고 자연히 돈이 모이는 곳으로 따라가기 마련이다. 그래서 부자들은 돈이 흘러가는 곳을 정확하게 보고 미리 자리 잡고 앉아 손을 벌리고 있는 사람들이다. 즉 부자들은 어릴 적부터 조기 경제교육을 받은 사람들이라 할 수 있다. 이것이야말로 가난한 사람은 모르고 부자는 알고 있는 가장 단순한 비밀이다.

★ 부자를 양성하는 '열린 경제교육'

"우리가 학생 때 이러한 교육을 받았다면 지금의 제 모습은 달라져 있을 거예요."

"경제학과를 졸업했지만 이러한 교육과는 거리가 멀었죠."

학부모를 대상으로 한 '자녀의 경제교육 워크숍'에서 흔히 듣는 이야기이다. 어디에서도 가르쳐주지 않는 것이 바로 현실적인 경제지식이다. 배우고 싶었지만 배우지를 못했다는 이야기가 아니라 이러한 교육 자체가 사회적으로 없었기 때문에 배움이 필요하다는 인식조차 못한다.

　반면 세계의 부자들이 가장 많이 모여 사는 미국은 어떨까? 초등학교에서부터 구체적인 경제교육이 이루어진다. 학급 내에 학급화폐를 만들어 통용시키고 아이들마다 직업을 선정해 학급활동에 적극 참여토록 한다. 예를 들어 청소, 도시락 나르기, 도서 정리 등등을 직업으로 배정하고 직업에 따른 임금(학급화폐)을 줌으로써 경제 개념을 배워나간다. 때로는 아이들끼리 경매를 통해 돈을 모으기도 한다. 점심시간에 반찬을 경매에 붙인다거나, 이제는 필요 없는 물건을 가져와 팔기도 하면서 돈 버는 재미를 터득해간다.

　물론 버는 돈이 있으면 나가는 돈도 있기 마련이다. 숙제를 해오지 않으면 벌금을 낸다거나 주당 교실 사용료를 선생님에게 지불하기도 하고, 학교 주말시장에서는 그동안 모은 화폐로 문구류를 사기도 한다. 문구류는 지역사회와 학부모의 기부금으로 마련해 어떤 식으로 돈의 쓰임이 이루어지는지를 확실하게 보여준다. 따라서 교과서처럼 딱딱하게 경제교육을 시키지 않아도 자신의 힘으로 돈을 버는 요령과 시장원리, 돈의 쓰임과 가치 등을 자연스레 깨닫는다.

　이 같은 경제교육의 노력은 비단 학교에서만 이루어지는 것이 아니다. 가정에서도 열린 경제교육이 계속된다. 그 실례로 스티븐 스필버그 감독의 상업적 재능을 들 수 있다. 최고의 영화감독이자 할리우드 제일의 부자인 스필버그 역시 경제교육을 통해 꿈과 부를 함께 얻었다. 그는 10대에 이미 영화를 찍고 돈을 벌었는데 그것을 가능케 한 것은 부모 덕분이었다.

사춘기 소년인 스필버그가 영화를 찍겠다고 400달러를 요구했을 때 아버지는 흔쾌히 돈을 건네주었다. 대신 어떤 용도로 활용할 것인지, 빌려간 돈에 대해서는 반드시 책임이 따른다는 것을 확인시키고 아들의 요구에 순순히 돈을 빌려주었다. 스필버그는 아버지에게서 받은 돈으로 〈파이어라이트〉라는 SF영화를 찍어 동네 영화관에서 상영을 했다. 놀랍게도 첫 수입으로 500달러라는 높은 매출을 올려 빌린 돈 400달러를 갚고도 100달러의 흑자를 보았다. 그것은 스필버그에게 이익을 준 최초의 영화가 됐으며, 감독으로 인정받고 꿈을 키우게 된 계기가 되었다. 그리고 스필버그의 부모는 영화계 거물 감독의 첫 제작자이자 투자자가 된 셈이다.

혹시 당신의 자녀가 엉뚱한 생각으로 큰돈을 요구한다면 어떤 반응을 보이겠는가? 한순간 물거품이 될지 모르는 일에 한 달 생활비를 선선히 넘겨줄 부모는 흔치 않다. 그러나 우리가 무심히 넘기는 짧은 찰나에 미래의 스필버그, 미래의 빌 게이츠, 미래의 워렌 버핏의 꿈을 꺾을 수 있다는 점을 생각해야 한다.

다시 말해 경제 활동을 배워나가면서 아이는 꿈을 보다 구체적이고 선명하게 그려낼 수 있는 것이다. 게다가 선명한 꿈은 다시 생활경제력에 동기부여를 해 목표를 향한 추진력이 발휘된다. 이렇게 꼬리를 무는 순환이 이루어지면서 꿈에 더욱 근접해 갈 수 있는 것이다.

따라서 내 아이에게 '어떻게 경제교육을 시키고, 경제활동의 토대를 마련해 줄 것인지'를 심각하게 고민해야 한다.

 03

당신의
앨리스지수는?

우리가 살아가기 위해 최소한 알고 있어야 할 경제 상식은 어느 수준일까?

우리 주변에는 문맹과 버금가는 이른바 '경제맹'이라 할 수 있는 사람들이 의외로 많다. 표면적인 물가에 대해서는 어느 정도 감지를 해도 그것이 경제에서 어떻게 드러나고 변화하는지는 알지 못한다. 가령 은행이자는 알아도 어떤 식으로 금리 변동이 이루어지는지, 왜 상품마다 이자가 서로 다른지는 알지 못한다.

이렇게 모르고 넘어가는 경제상식은 합리적인 경제생활을 영위해 가는데 무리수를 두게 만든다. 가계지출과 수입에 대한 체계적인 관리가 어려워져 졸지에 경제 공황에 빠지기 쉽기 때문이다. 따라서 원활하고 행복한 경제생활을 지켜가기 위해서는 최소한으로 반드시 알아야 할 기본 사항들이 있다.

이를 알아야 경제생활 능력도 깨닫고 자녀의 경제교육도 원활하게 시킬 수 있다. 그러기 위해서는 먼저 경제적 인간으로서 얼마나 기본 정보를 알고 있는지 진단할 필요가 있다.

'경제생활 생존지수'는 이른바 앨리스지수 Economic Life Index for Survival: ELIS라고 한다. 이 지수에 대한 검사를 한 뒤 자신의 객관적인 경제 현황을 살펴 성찰할 수 있는 계기를 마련해보자.

앨리스지수
Economic Life Index for Survival

부모

♣ 각 항목에 yes, no로 대답한다.
♣ 각 항목에 yes라고 답한 수가 그 분야의 점수이다.

1 은행·금융

	Yes	No
• 내 통장의 은행금리를 정확히 알고 있다.	☐	☐
• 제1금융, 제2금융, 제3금융을 구분할 수 있다.	☐	☐
• 나의 빚과 이자금액에 대해 정확히 알고 있다.	☐	☐
• 통장 가입시 세금우대 내용과 이자 세금에 대해 알고 있다.	☐	☐
• 나의 대출한도와 신용등급을 알고 있다.	☐	☐
점수		

2 재테크

	Yes	No
• 주식, 금, 채권 등 투자 방법을 3가지 이상 알고 있다.	☐	☐
• 연말 소득공제의 유리한 방법을 알고 있다.	☐	☐

- 주택 등기부등본을 확인하고 대처할 수 있다.
- 주식, 펀드를 살 때 회사의 내용과 실적을 정확히 알고 매입한다.
- 펀드 자산운영보고서를 읽고 이해할 수 있다.

점수

3 미래 대비(보험, 건강, 미래 준비)

Yes / No

- 스트레스를 해소할 수 있는 취미 활동을 1개 이상 하고 있다.
- 연 1회 이상 건강검진을 받는다.
- 보험의 중복보장과 비례보장의 차이를 알고 있다.
- 은퇴 이후 연금, 보험 수령금액에 대해 알고 있다.
- 변액보험의 내용과 혜택에 대해 설명할 수 있다.

점수

4 세금, 법

Yes / No

- 급여 관련 세금의 내역을 정확히 알고 있다.
- 연말정산을 스스로 해 환급을 받을 수 있다.
- 양도, 취득, 등록, 증여, 상속세 중 3개 이상을 정확히 알고 있다.
- 학원, 학습지 등의 해지 위약금 및 환급금에 대해 알고 있다.
- 내용증명을 쓸 수 있다.

점수

5 교육 (자녀)

Yes / No

- 아이의 반과 담임선생님의 이름을 알고 있다.
- 내 아이의 미래 꿈을 정확히 말할 수 있다.
- 자녀 교육비용과 미래에 대비한 금융상품을 가지고 있다.

- 아이들이 우리집의 수입 내역을 알고 있다.
- 아이에게 선택권을 주며, 질문에 인내심을 가지고 대답한다.

점수

6 기업가정신, 리더십, 자기계발

Yes   No

- 자기계발을 위해 수입의 10% 이상을 투자한다.
- 내가 일하는 동종업계 모임의 임원진 활동을 1개 이상 맡고 있다.
- 제2 외국어를 1개 이상 할 수 있다.
- 스카우트 제의를 1회 이상 받은 적이 있다.
- 타인의 도움 없이 스스로 경조사를 계획할 수 있다.

점수

7 정보생활

Yes   No

- 우리 가족의 통신비(인터넷, 전화, TV) 내역을 알고 있다.
- 스마트폰을 사용하며 SNS 활동을 2개 이상 하고 있다.
- 합리적 소비를 위한 인터넷 사이트를 활용한다
  (가격비교, 커뮤니티, 중고, 공동구매 등).
- 재래시장과 할인마트의 가격 차이를 알고 장바구니를 사용한다.
- 신용·포인트 카드를 정리하고 있으며 혜택을 활용한다.

점수

♣ 모든 항목을 체크한 후 앨리스지수를 다음의 그래프에 표시하라. 평소 경제 활동에서 얼마나 생존능력을 가지고 있는지 확인할 수 있다.

표시 1 다음의 빈 그래프에 점수를 표시하라.

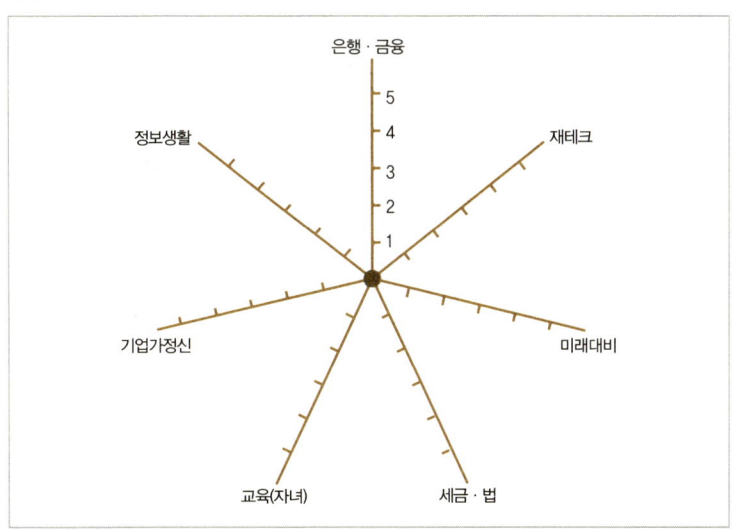

보기 1 다음은 세금·법의 항목에 취약한 사람의 예이다.

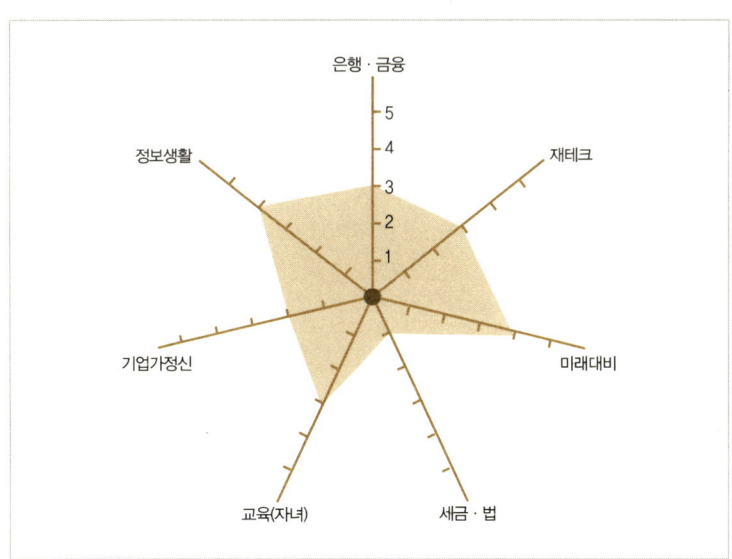

앨리스그래프 보는 법

7개 분야의 점수를 표시한 후 점들을 선으로 연결한다. 그래프가 원에 가까운 큰 7각형이 될수록 경제 활동 능력이 우수하며, 원의 중심에 가까운 분야는 중점적인 계발이 필요하다. 이 부분을 보충해 경제생활의 균형을 이루어야 한다. 3.5점 이하는 전반적으로 개선이 필요한 분야이다.

- **앨리스지수(ELIS)** = 각 항목 점수의 합÷7
- **4.5점 이상** : 우수한 경제 생존능력을 보유
- **4.0점 이상** : 비교적 우수한 경제 생존능력을 보유
- **3.5점 이상** : 평균의 경제 생존능력을 보유
- **3.0점 이상** : 다소 부족한 생존능력을 보유하며, 추가 학습이 필요
- **3.0점 이하** : 경제생활에서 손해를 보며 살아가고 있으며, 시급한 학습이 필요

* 여기에서는 약식으로 검사를 해보고 더 자세한 검사는 www.elisindex.com을 참조하라.

 04

내 아이의
앨리스지수는?

아이는 대체적으로 유치원 시기부터 돈을 인식한다. 돈이라는 작은 종이로 원하는 무언가를 할 수 있다는 사실을 깨우쳐가기 때문이다. 필요한 것을 얻는 과정을 통해 교환가치를 알아가고 돈의 필요성을 절실히 느낀다. 많건 적건 무조건 '돈'이라는 게 있어야 원하는 것을 얻을 수 있다는 진리를 발견하면서부터 '돈, 돈, 돈' 노래를 부르기 시작한다. 그 노래는 아이가 커갈수록 더 커지고 청소년기에 이르면 간혹 무분별하게 돈을 요구한다.

부모의 입장에서는 결코 반갑지 않다. 철없는 아이의 돈타령은 부모의 속을 썩일 때가 많기 때문이다. 자식이 원하는 만큼 전부를 해줄 수 없는 부모는 늘 자식 앞에서 부족한 존재가 되기 마련이다. 그래서 '미안한 부모' 역할만 하게 된다. 자녀가 잘 자라도록 기꺼이 미안한

부모가 되는 우리들, 하지만 정작 미안한 부모가 자녀의 경제능력을 상실시키는 주요 원인이 된다. 그 시기에 알아야 할 경제교육이 제대로 학습되지 않으면 '어른아이'로 자라기 때문이다.

아이들도 어른과 마찬가지로 앨리스지수가 있다. 부모가 시키는 대로 잘 따르기만 하면 된다고 여기겠지만 자녀가 성인이 될 때까지 보살펴 줄 수는 없는 노릇이다. 아이들도 그 나이에 갖춰야 할 최소한의 경제상식이 있어야 점차 경제의식을 확장하고 키워갈 수 있다. 따라서 현재 내 아이의 생존지수를 아는 것은 자녀가 독립적이고 자주적인 생활을 이끌어갈 수 있을지를 아는 중요한 지표가 된다.

자녀용 앨리스지수를 체크해보면 기존의 교육이 얼마나 아이를 경제로부터 멀어지게 하는지를 알 수 있다.

앨리스지수
Economic Life Index for Survival

자녀

♣ 아이 스스로 체크해야 하며 부모가 개입해서는 안 된다.
♣ 각 항목에 yes, no로 대답한다.
♣ 각 항목에 yes라고 답한 수가 그 분야의 점수이다.

1 경제기초

	Yes	No
• 은행 통장을 가지고 있다.	☐	☐
• 우리집에서 할 수 있는 절약 방법을 3가지 이상 말할 수 있다.	☐	☐
• 선택을 하기 전에 고민을 하며, 선택에 후회를 하지 않는다.	☐	☐
• 은행의 역할에 대해 5가지 이상 말할 수 있다.	☐	☐

- 우리집의 수입과 지출 내역에 대해 80% 이상 알고 있다. ☐ ☐

점수

2 사회협동성
| | Yes | No |
- 혼자 노는 것보다 친구들과 함께 하는 놀이를 좋아한다. ☐ ☐
- 월 1회 이상 체험 활동을 한다(유적지, 은행, 백화점 등). ☐ ☐
- 집안일을 2가지 이상 나누어서 하고 있다. ☐ ☐
- 영화와 공연 등 문화행사를 연 4회 이상 관람한다. ☐ ☐
- 봉사 또는 기부활동을 자발적, 정기적으로 하고 있다. ☐ ☐

점수

3 영재창의성
Yes No
- 하루에 3번 이상 주변 사람들에게 질문을 하며, 호기심이 많은 편이다. ☐ ☐
- 퍼즐, 조립이나 새로운 문제풀이를 좋아한다. ☐ ☐
- 새로운 것을 보면 꼭 이해를 해야 하다. ☐ ☐
- 공부나 책 읽기 등을 시작하면 40분 이상 지속적으로 한다. ☐ ☐
- 남들이 인정하는 기발한 아이디어를 자주 말하는 편이다. ☐ ☐

점수

4 화폐친화성
Yes No
- 돈 관리를 잘하며, 잃어버리는 경우는 없다. ☐ ☐
- 용돈을 현금으로 받아 관리하고 있다. ☐ ☐
- 화폐의 유형과 세계 화폐에 대해 5가지 이상 알고 있다. ☐ ☐
- 마트에 가서나 쇼핑을 할 때 내가 직접 계산을 한다. ☐ ☐

- 내가 직접 노력해 돈을 번 경험이 있다.

점수

5 계획성, 관리력

Yes　No
- 용돈기입장 또는 영수증 관리노트를 쓰고 있다.
- 게임은 정해진 시간만 한다.
- 내 나이 또래의 평균 몸무게와 체형을 유지하고 있다.
- 주 1회 이상 가족과 함께 운동을 하고 있다.
- 가족이 여행을 가면 내가 계획을 세운다.

점수

6 정보 응용력

Yes　No
- 숙제를 할 때 컴퓨터를 잘 활용한다.
- 친구들과 어울릴 때 할인쿠폰이나 카드를 반드시 사용한다.
- 우리 지역의 상가 위치를 10개 이상 그릴 수 있다.
- 사진이나 이야기를 온라인, 모바일에 올릴 수 있다.
- 정기적으로 구독하는 신문이나 잡지가 1개 이상 있다.

점수

7 리더십, 진로, 세계화

Yes　No
- 학급 임원을 최소한 1회 이상 한 경험이 있다.
- 벼룩시장에 참여한 경험이 있다.
- 미래 희망 직업에 대해 정확히 말할 수 있다.
- 아빠 또는 엄마의 직업과 하는 일을 정확히 알고 있다.
- 주변이나 인터넷을 통해 외국인 친구가 2명 이상 있다.

점수

표시 1 다음의 빈 그래프에 점수를 표시하라.

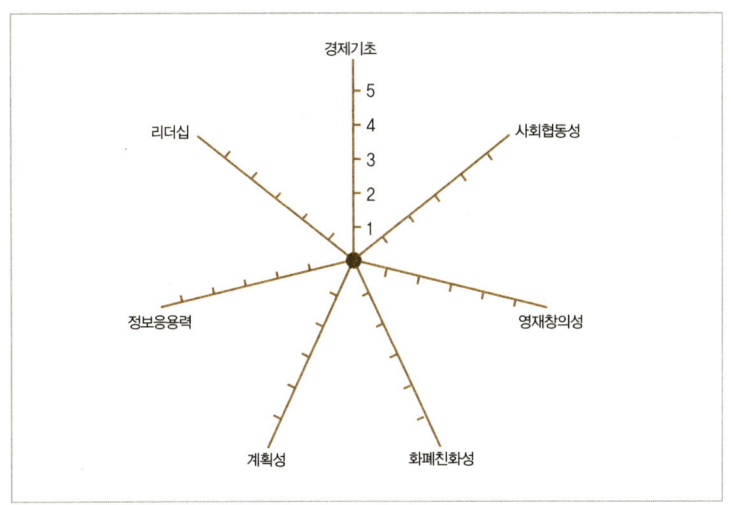

보기 1 다음은 화폐친화성 항목에 취약한 아이의 예이다.

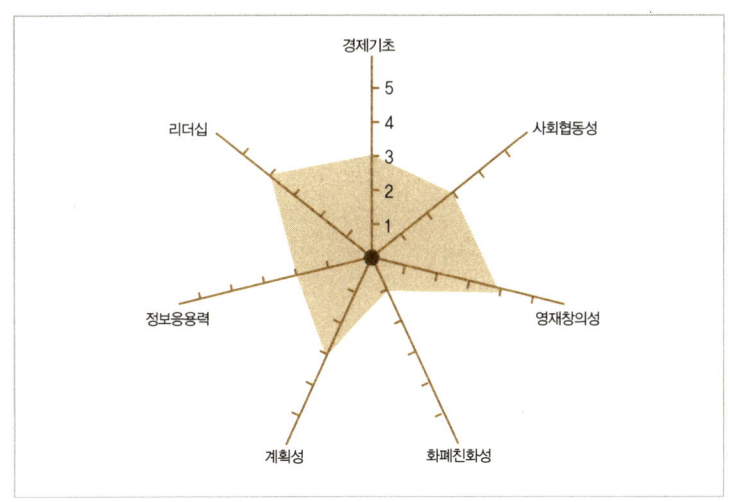

앨리스그래프 보는 법

7개 분야의 점수를 표시한 후 점들을 선으로 연결한다. 그래프가 원에 가까운 큰 7각형이 될수록 경제 활동 능력이 우수하며, 원의 중심에 가까운 분야는 중점적인 계발이 필요하다. 이 부분을 보충해 경제생활의 균형을 이루어야 한다. 3.5점 이하는 전반적으로 개선이 필요한 분야이다.

- **앨리스지수(ELIS)**= 각 항목 점수의 합÷7
- **4.5점 이상** : 우수한 경제 생존능력을 보유
- **4.0점 이상** : 비교적 우수한 경제 생존능력을 보유
- **3.5점 이상** : 평균의 경제 생존능력을 보유
- **3.0점 이상** : 다소 부족한 생존능력을 보유하며, 추가 학습이 필요
- **3.0점 이하** : 경제생활에서 손해를 보며 살아가고 있으며, 시급한 학습이 필요

* 보다 더 자세한 검사는 www.elisindex.com을 참조하라.

이제 우리는 부모와 자녀의 앨리스지수를 모두 확인했다. 이를 토대로 부모는 부족한 경제 능력이 무엇인지를 깨닫고, 자녀가 현재 어느 정도의 경제 능력을 갖추고 있으며 앞으로 어떤 노력이 필요한지를 인식했기를 바란다.

05
경제교육의 바탕은 믿음이다

경제교육은 말처럼 어렵지 않다. 사실 부모들은 이미 알게 모르게 많은 경제교육을 실천하고 있다. 용돈을 주고, 심부름을 시키고, 절약을 가르치는 것도 모두 경제교육의 일환이다. 때문에 '교육'이라는 말에 미리부터 겁먹고 부담스러워할 필요가 없다. 내 가정의 상황에 맞게 소소한 것부터 실천해나가면 된다. 다만 교육 전에 부모가 반드시 갖춰야 할 태도가 있다. 자녀에 대한 믿음이 바탕이 되어야 한다는 사실이다.

돈은 마음과 다르게 사람을 예민하게 만든다. 아이에게 돈을 맡길 때는 더욱 불안해진다. '내 아이가 제대로 할 수 있을까?', '함부로 써버리지는 않을까?' 온갖 걱정으로 불신부터 키운다. 하지만 부모의 생각과 달리 아이는 현명한 소비를 하는 경우가 더 많다. 오히려

어른보다 지출계획이 명확하고 관리도 철저하다. 아이가 어려서 돈을 함부로 쓸 것이라는 생각은 편견에 불과하다. 경제교육에 있어 가장 중요한 부모의 역할은 아이가 직접 선택하도록 하고, 믿고 기다려 주는 것이다.

내가 아는 A는 그 역할을 톡톡히 해 큰 효과를 보았다. 중소기업 대표인 그는 처음 아이에게 경제교육을 시키고자 마음먹었을 때 여간 고민한 것이 아니었다. 용돈을 주자니 나름 목돈이라 헤프게 사용하지는 않을까 하는 부정적인 시각에서였다. 이래저래 망설이다보니 참 우습다는 생각이 들었다. 자녀가 독립적으로 생활할 수 있도록 힘을 키우는 것이 목적인데, 그깟 용돈 하나 맡기지 못하면서 스스로 경제활동을 하길 어찌 바라겠는가! 부모가 자식을 믿지 못하고 무슨 경제교육을 시키겠는가. 그래서 그는 한 치의 의심도 없이 용돈을 주기 시작했다.

하지만 용돈을 주는 방식은 조금 특별했다. 그냥 현금을 주는 것이 아니라 각자 지갑을 따로 만들어 일주일 분의 용돈을 넣어준 것이다. 그것도 아이들의 두 손이 아닌 거실 탁자 위에 두고 언제든지 자유롭게 사용할 수 있도록 했다. 처음에 아이는 어리둥절했다. 평소 필요한 액수만큼 그때그때 부모에게 타서 사용했던 터라 용돈이라는 것도 생소했고, 버젓한 지갑 안에 어른 월급처럼 들어 있으니 마냥 신기했다. 그래서 처음 얼마간은 그 돈을 사용하지 않고 예전처럼 돈을 따로 달라거나 원하는 군것질 과자를 사달라고 졸랐다. 그러나 A는 절대 지갑의 용돈 외에는 더 주지 않았다.

그렇게 시간이 지나자 아이는 탁자의 지갑을 열기 시작했다. 처음에는 눈치 보면서 조금씩 써보더니 정말 자기 마음대로 사용할 수 있다는 것을 알게 되자 제법 많은 돈을 가지고 장난감을 사거나 군것질을 했다. A는 매월 정해진 날짜가 되면 일정 금액만을 채워놓았을 뿐 일체 다른 말은 하지 않았다. 지갑 안의 돈은 오로지 아이의 몫이라는 것을 확실히 했다.

이제 돈에 대한 책임감을 느껴서일까. 아이는 쓰임의 용도를 넓혀갔다. 또한 돈의 사용처에 대해 엄마에게 이야기하기 시작했다. 소소한 군것질거리는 일일이 말하지 않아도 제법 큰돈을 사용했다 싶으면 용도를 낱낱이 설명했다. 이후 아이는 무엇에 얼마만큼의 금액이 필요한지를 알게 되면서 돈을 분배해 용도를 정하고 사용하는 노련함도 갖게 되었다. 그리고 부모는 평소 아이들의 생활에 대해 더 잘 알게 되었다. 돈의 사용처에 대한 대화를 하면서 집 밖의 생활을 훤히 파악할 수 있었기 때문이다.

★ 믿음은 복리의 마법과도 같다

대부분의 아이들은 자라면서 어떻게 하면 용돈을 더 타낼 수 있을까 고민을 하며 때로는 거짓말을 하기도 한다. 이른바 '비자금' 만드는 법부터 터득하는 것이다. 하지만 이 가정에는 해당되지 않는 이야기가 됐다. 부모가 믿고 돈을 맡겼기 때문에 아이 역시 부모를 믿었으며 있는 그대로를 보여주었다.

　부모는 관심이라는 이름으로 자녀의 사생활을 꼬치꼬치 캐묻는다. 그러면 아이는 자신의 세계를 침범 당한다고 생각해 강한 거부감을 나타낸다. 아이로서는 부모의 관심이 간섭으로밖에 여겨지지 않기 때문이다. 그래서 아이는 자랄수록 부모와의 사이에 보이지 않는 벽을 쌓는다.

　A의 가정은 아이의 사춘기 때 부모와 자녀 사이가 더 돈독해졌다. 물론 다른 아이들처럼 A의 아이도 사춘기가 되자 소통이 어려워졌다. 그러나 가지고 있는 습관은 쉽게 사라지지 않는 법이다. 갑자기 지갑에서 많은 돈이 사라지면 부모는 아이에게 무슨 일이 생겼다는 것을 금방 알 수 있었다. 하지만 그래도 곧바로 꼬치꼬치 캐묻지 않았다. 궁금하더라도 그저 아이가 먼저 다가와주길 기다릴 뿐이었다. 그러면 실제로 아이는 얼마 지나지 않아 돈의 사용처에 대해 이야기한다.

　이로써 부모는 아이를 간섭하지 않고도 일상을 파악하고, 고민거리가 있으면 자녀의 입장에서 이해하게 된다. 아이 또한 부모의 관심을 왜곡하지 않고 진심으로 자신을 걱정한다는 사실을 깨닫는다. 이러한 일련의 과정이 반복되면 부모자식 간의 믿음은 커지고 드러내 놓고 표현하지 않아도 자연스레 사랑의 마음을 느끼게 된다.

　믿음의 장점은 여기에서 그치지 않는다. A의 아이는 옷을 사더라도 할인 기간이 아니면 사지 않는다. 백화점 세일 기간을 체크하거나 할인쿠폰을 준비하는 등 미리 계획하고 준비해서 지출을 한다. 지갑에서 돈을 꺼내갈 때, 어디에 얼마의 돈을 쓸지 미리 생각하는 버릇이 들여졌기 때문이다. 즉, 현명한 소비를 스스로 터득하게 된 것이다. 게다가 A의 처음 목적처럼 스스로 생활할 수 있는 자립심을 충분히 갖추었다.

사실 A의 경우처럼 큰 비법이 없는 것이 경제교육이다. 내 아이를 더 잘 키우기 위한 고민을 실천하는 것이 비법이라면 비법이다. 용돈을 어떻게 줄 것인지에 대한 고민, 그것을 묵묵히 지키려는 노력에서 경제교육은 출발했다. 아이는 사용할 수 있는 돈이 얼마인지를 알고 사용처를 밝혔다. 여기에서 계획적인 소비와 합리적인 소비를 할 수 있는 토대가 마련된 것이다.

아이에 대한 사랑으로 시작한 작은 경제교육 하나로 아이와 부모의 유대감은 더욱 커진다. 부모를 믿는 아이, 대화하고 소통하는 아이, 이는 정확한 경제습관과 함께 올바른 인격을 형성해가는 인성교육의 효과까지 이루어낸다.

흔히 경제는 믿음이라고 말한다. 인내와 믿음의 미학이 경제심리를 좌우한다고 해도 과언이 아니다. 그동안 믿어온 대로 해주면 그만큼 만족도가 높아진다. 돈을 믿고 상대를 믿을 때 비로소 더 큰 시각으로 경제를 대할 수 있기 때문이다. 부모와 자식 사이에서도 이 같은 경제논리가 숨어 있다는 점을 알아야 한다.

부자 나라의
앨리스를 잡아라

서점에 가면 경제책이 즐비하다. 경제활동의 지침을 일깨워주는 자기계발서, 돈 버는 방법을 가르쳐주는 재테크서, 경제관념을 심어주기 위한 어린이 경제책까지 다양하다. 여러 종류의 책들이 많아 오히려 무엇부터 배워야 할지 어지러울 정도이다. 그만큼 부자가 되고 싶은 욕망이 서점가에서 충돌한다고 볼 수 있다. 많은 사람들이 끊임없이 책을 읽고 공감하며 돈을 벌기 위한 투지를 불태운다. 그래서 실천에 돌입하지만 정작 책을 통해 부자가 되었다는 사람은 드물다. 그 이유는 무엇일까?

물론 책의 내용은 나무랄 데 없이 훌륭하다. 하지만 너무 이상적이어서 전혀 현실적이지 못하거나 반쪽짜리 대안들이 제시된 경우가 많다. 또는 방법이 너무 어렵거나 추상적이어서 실행하기 힘든 경우도 있다. 매월 얼마씩 저금하는 복리통장이나 보험상품에 가입하면 자녀의 대학등록금은 걱정 없다는 식의 확증 없는 대안들은 난감하기까지 하다. 밑바닥부터 어떻게 시작을 해야 하는지 자세하게 길잡이가 되어주는 실질적인 사례가 적은 것이 문제이다. 그래서 "쉽게 시작할 수 있는 작은 출발점을 제시해 줄 수는 없었을까?", "적은 돈으로 종잣돈을 만드는 방법을 알려주면 좋았을 텐데"와 같은 불만이 터져 나온다. 목돈을 굴리는 것보다 기초적인 경제 토대를 알려주는 것이 현실적으로 큰 도움이 된다는 사실을 저자들은 간과하고 있다.

요컨대 배 만드는 방법을 가르치기보다 푸른 바다를 꿈꾸게 해야 한다. 단순히 아이를 부자로 만들어 세상과 부딪치게 하기보다는 넓은 안목으로 세상의 흐름을 읽는 법을 먼저 일깨우는 것이 중요하다. '어떤 식으로 부자가 됐다'라고 해서 내 아이가 그 부자의 꿈을 슬기롭게 따라줄 것인지도 미지수이다. 세상을 읽는 지혜가 생기면 굳이 강요하지 않아도 무엇을 배워야 하고, 어떻게 행동해야 하며, 왜 신념을 지켜나가야 하는지를 깨닫는다. 따라서 부자의 꿈은 곧 아이의 꿈이 되는 것이다.

결국은 아이에게 푸른 바다의 꿈을 심어주는 것은 부모의 몫이다. 단순히 부를 위한 경제적 바탕과 기술에 치중한 경제교육을 넘어 경제라는 커다란 바다를 꿈꾸고 꿰뚫을 수 있는 통찰력을 키워줘야 한다. 그러기 위해서는 먼저 아이가 경제에 재미를 느껴야 한다. 부모의 물질적 지원은 그 다음의 일이다.

아이로 하여금 '경제란 쉽고 재미있구나'를 느끼게 하려면 일상에서 놀이와 체험을 통해 경제를 실질적으로 경험해야 한다. 그런 다음 경제가 재미있다고 느끼면 아이는 호기심을 가지고 경제원리를 서서히 터득해간다. 이러한 과정에서 아이는 목표를 세우고 자연히 동기부여를 받는다.

동기부여된 아이에게 부모는 멘토(친구 같은 선생님)의 역할을 해주면 된다. 조금 부족한 부분에 대해서만 도와주면 되는 것이다. 가령 아이가 선택을 해야 할 때 종류가 너무 많으면 수준에 맞게 몇 가지로 정리해주면 된다. 아이가 무엇인가를 원할 때 돈이 없다고 해서 사지 못하게 하거나 부모가 대신 사주는 것은 좋지 않다. 돈이 부족하면 일정 금액을 모으도록 하고 그 목표를 달성하면 부모가 나머지를 지원해주면 된다. 아이를 위해 예컨대 매달 적금을 20만원씩 넣는다고 하면, 아이가 고등학생이나 대학생이 되었을 때 2/3(15만원)는 부모가 내고 나머지는 아이 스스로 아르바이트나 용돈을 절약하는 방법으로 충당하도록 유도하자.

이는 결코 어려운 일이 아니다. 부모가 모든 것을 선택해주고, 풍족하게 제공하는 것보다 스스로 경제관념을 깨닫고 저축하는 습관을 들이도록 하는 것이 더 큰 사랑이다. 이렇게 자란 아이는 사회에 진출한 뒤에도 남들보다 건강한 경제관념을 가지고 꿈을 이루어나간다. 이것이 바로 경제교육의 힘이다.

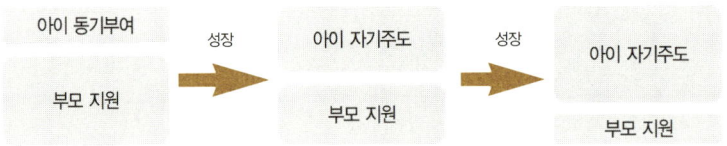

★ 부자 만드는 마법 '앨리스'

이제 본격적으로 아이를 부자로 만드는 방법에 대해 들려줄 시간이다. 나는 이 방법을 '앨리스'라고 부른다. 앨리스는 앞서 경제 생존능력을 측정했던 '앨리스지수'에서 따왔다. 이 지수가 높으면 경제생활 능력이 뛰어나다는 것을 의미하기 때문에 부자로 만들어줄 마법을 앨리스라 부르는 것이다. 실제로 이 앨리스가 이루어줄 경제 성과를 깨닫는다면 이름처럼 신비롭고 놀라운 경험을 한다.

앨리스에는 3가지 중요한 마법이 있다. 가장 기본적이면서 확실하고 반드시 갖춰야 하는 마법들이다. 첫 번째 마법은 누구나 잘 알고 있는 은행에서 찾는다. 이 마법은 다소 보수적이고 천천히 움직이기에 인내와 믿음이 필요하지만 무엇보다 튼튼한 몸을 가지고 있어 돈을 맡기면 세상 누구에게도 뺏기지 않고 보관할 수 있다. 이 뚝심의 앨리스는 비로 '복리식 적금통장'이다.

두 번째 마법도 역시 은행에 숨어 있다. 은행 안에는 여러 경제 마법들이 많아 무엇을 선택해 응용할 것인지를 신중히 꿰뚫어봐야 한다. 자칫 잘못 마법을 걸었다가는 돈에 걷어차일 게 분명하다. 그러므로 조심스럽게 찾아야 한다. 그것은 바로 '금통장'이다.

금통장도 보수적이긴 하지만 힘이 있으며 부지런하다. 돈을 맡기면 이 앨리스는 등에 돈을 지고 돌아다니며 세상과 직접 거래를 한다. 즉 스스로 시장가격을 달리하면서 돈의 부피를 변동하는 것이다. 그렇기 때문에 다소간의 위험성이 있지만 워낙 탄탄한 마법력을 가지

고 있어 꽤 안전한 편에 속한다.

    마지막으로 갖춰야 할 세 번째 마법은 은행 밖에 있다. 이 앨리스는 무척 개방적이며 화려한 기술을 뽐내는 마법이기에 다소 거부감을 갖는 사람들도 많다. 워낙 날렵하고 어지럽기는 하지만 참을성 있게 지켜봐주면 가장 드라마틱한 효과를 주는 마법이기도 하다. 이 앨

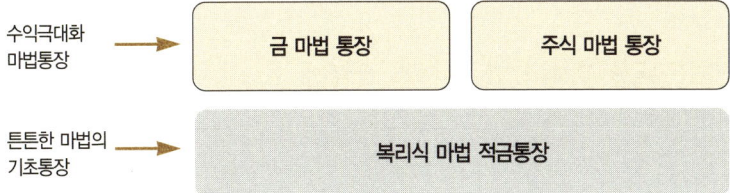

리스를 습득하기 위해서는 증권회사를 찾아가야 한다. 그것은 바로 '주식통장'이다(최근에는 대부분의 은행에서도 증권거래가 가능하다).

이 앨리스는 돈을 창고에 넣어두면 가장 좋은 곳으로 달려가 다른 돈을 친구로 데려올 만큼 똑똑하다. 그러나 힘이 불안정하기 때문에 자주 길을 잃고 사라지는 경우도 있다. 하지만 가장 머리가 좋고 몸 부풀리기가 빨라 돈을 잘 버는 최고의 마법이기에 제대로 습득만 하면 최상의 마법력을 얻을 수 있다.

이처럼 3가지 앨리스를 바탕으로 자녀를 위한 경제적 토대 만들기는 구축됐다. 물론 안정에 치중하는 부모도 있고, 모험을 즐기는 부모도 있다. 하지만 아이를 위한 경제교육이라는 점을 염두에 둔다면 3가지 앨리스를 가동해 아이가 다양하게 세상을 보는 지혜를 갖추도록 하는 것이 중요하다.

나는 아이를 부자로 만들기 위해 가장 확실하고 안전한 수단인 '복리식 적금통장'의 비율을 50%로 유지하기를 권한다. 가장 튼튼한 복리식 적금통장을 바탕에 깔고 다른 2개의 마법을 상황에 따라 활용하면 교육과 투자효용을 더욱더 크게 만드는 시너지효과를 얻는다.

부자와 가난한 자의 차이

- 부자는 손실을 보면 "내가 부족했다"고 반성하고 가난한 자는 "운이 없다"고 불평한다.
- 부자의 입에서는 노력이라는 말이 자주 나오고, 가난한 자의 입에서는 한탕이라는 말이 자주 나온다.
- 부자는 실패에서 배우고, 가난한 자는 실패를 잊는다.
- 부자는 가난한 자보다 열심히 일하지만 시간에 여유가 있고, 가난한 자는 게으르지만 늘 바쁘다.
- 부자는 열심히 일하고, 열심히 놀고, 열심히 쉰다. 가난한 자는 허겁지겁 일하고, 빈둥빈둥 놀고, 흐지부지 쉰다.
- 부자는 손실을 두려워하지 않고 가난한 자는 투자를 두려워한다.
- 부자는 과정을 위해 살지만 결과가 나타나고, 가난한 자는 결과를 위해 살아간다.
- 부자는 적은 돈에 성취감을 느끼고 소중함을 인식하지만 가난한 자는 적은 돈에 관대하다.
- 부자는 손실을 보면 자신의 부족함을 느끼지만 가난한 자는 손실을 보면 공황을 느낀다.
- 부자는 불경기에서 기회를 찾고, 가난한 자는 군중들과 더불어 불경기를 부풀린다.
- 부자는 돈을 다스리고, 가난한 자는 돈에 지배당한다.

내 아이를 위한 3개의 통장

PART 2
내 아이를 위한 첫 번째 통장
스스로 불어나는 습관의 복리효과 '적금통장'

내 아이를 위한 첫 번째 통장

복리의 효과를 말하면 누구나 공감하면서도 실제로 체감하는 사람은 많지 않다. 금융상품에서 복리의 효과를 체감하기 위해서는 최소 20년 이상의 시간이 필요하기 때문이다.

그러나 내 아이가 대학을 졸업하고 취업을 하고 결혼하는 모습을 상상해보라. 자녀의 성장 모습을 그려보는 일은 부모라면 누구나 하는 일이다. 혹시라도 자신이 복리의 효과를 누리며 부자가 되기에는 너무 긴 시간이 필요하다고 여기는 부모가 있다면 관점을 아이에게 맞추어라. '내 아이는 결코 늦지 않았다.'

복리와 경제교육은 장기투자라는 공통분모를 가지고 있다. 따라서 일찍 시작할수록 그 효과는 눈덩이처럼 쉽게 불어난다. 경제대통령으로 불리던 앨런 그린스펀 전 미국연방준비제도이사회FRB 의장은 경제교육, 금융교육이 중요하다고 자주 강조한다.

"초중학교 단계에서 기초적인 금융교육을 향상시키면 금융에 대한 기초를 일찍이 닦을 수 있다. 그러면 성인이 되어 잘못된 금융 결정을 내려 두고두고 겪는 고통을 줄여준다." 그의 말처럼 이제 내 아이가 현명한 금융 결정을 할 수 있는 실제적인 바탕을 마련해주어야 한다.

01
3개의 통장과 함께 여는 경제교육

두드려라! 그러면 열릴 것이다.

따라 하기만 하면 내 아이를 부자로 만들어주는 방법. 그런 마법 같은 주문이 있다면 다들 허황된 소리라고 할 것이다. 그러나 두드리지도 않고 문이 열리기를 바라는 것이야말로 허황된 것이다. 일단 주변에 가장 가까운 금융기관이 어디에 있는지 둘러보라. 그리고 자녀의 손을 잡고 그곳을 찾아가 문을 두드려라.

비유적으로 말했으나 실제로 은행 문을 두드리는 것은 맞다. 다만 아이에게 그 방법을 소상히 설명하기 전에 먼저 해둬야 할 일이 있다. 바로 이 교육의 목적을 명확히 하는 것이다.

- 1단계 : 부모가 먼저 경제는 우리 생활이며 재미있다는 것을 이해하기
- 2단계 : 아이에게 재미있는 생활 체험을 통해 경제에 대한 경험 심어주기
- 3단계 : 아이가 경제를 재미있다고 느끼고, 동기를 부여받을 수 있도록 하기
- 4단계 : 아이가 부자가 되고 싶다고 느끼고, 자기주도성을 가지고 목표 정하게 하기

위의 과정은 사전학습의 의미가 강하다. 부모로서 아이에게 충분한 경제적 동기부여를 했는지, 혹시 부모의 욕심과 가섭이 포화되어 있지는 않은지 스스로 객관성을 유지하고 체크해야 한다. 이것이 선행되지 않으면 목적은 불투명해지고 핵심을 놓쳐 어려운 샛길로 빠져버릴 수 있다. 따라서 부모가 먼저 올바른 마음가짐을 갖는 것이 무엇보다 중요하다. 그 후에 5, 6단계의 과정이 필요하다.

- 5단계 : 자녀와 함께 집에서 가까운 금융기관 찾아가기
- 6단계 : "3개의 앨리스 통장 만들어주세요"라고 말하기

5, 6단계는 그 전 단계보다 훨씬 쉽다. 그저 자녀와 함께 금융기관을 찾아가는 작은 노력만 더 기울이면 된다. 6단계에서 통장을 만들고 나면 이제 내 아이를 부자로 만들어 줄 마법의 통장이 들어온다. 부자의 법칙은 정말 하찮다고 생각하는 것을 실천할 때 비로소 싹튼다. 너무 간단하지 않은가? 금융기관별로 약간의 차이가 있지만 아이

명의의 통장 개설을 위해서는 가족 주민등록등본, 아이 도장, 부모 주민등록증만 준비하면 끝이다. 이제는 아이에 대한 믿음으로 결과를 기다리면 되는 것이다.

이렇게 아이를 부자로 만드는 단계에 한 발자국 내딛었다. 그렇다면 어떤 앨리스가 가장 돈을 많이 벌어줄까? 그 궁금증을 이제부터 차근차근 풀어가자.

★ 3개의 통장, 어떻게 활용하면 좋을까?

아이는 우리에게 신비함과 놀라움을 동시에 안겨준다. 처음 잡은 오락도 곧잘 한다. 심지어 어른에게 친절하게 설명까지 해준다. 숨어 있는 원리를 스스로 깨우쳐 망설이지 않고 오락을 즐긴다. 그 모습을 보면서 내심 경제도 오락처럼 재미있다는 사실을 아이가 빨리 깨닫기를 바란다.

앨리스는 3개의 통장을 통해 매일, 매월 큰 성과를 보여준다. 그러면 아이 스스로가 어느 통장이 더 효과를 발휘하는지 직접 눈으로 확인할 수 있고 돈이 증가하는 과정에 흥미를 느끼게 된다. 마치 세 통장을 가지고 오락을 하는 것처럼 흐름과 방법을 파악하는 것이다. 앨리스는 아이에게 경제에 대한 지혜의 눈을 뜨게 하며, 물질적으로도 부자가 되도록 안내한다.

적금통장은 복리라는 능력을 가지고 일을 하면서 매월 통장에 능력치를 보여준다. 금은 한국금거래소나 국제금시장을 통해 능력치를 매일 보여준다. 증권 역시 한국증권거래소와 신문을 통해 능력을 매일 보여준다. 각기 다른 돈의 흐름 방식에 아이는 마냥 신기할 뿐이다. 여기에 돈이 쌓이는 모습이 마치 블록놀이와 비슷하다고 깨닫게 되면 아이는 어느 것에 더 힘을 주고, 빼며, 기다려야 하는지를 귀신같이 알게 된다. 아이는 3개의 통장을 개설함과 동시에 스스로 시세표를 찾아보게 될 것이며, 다음 달 어떤 결정을 내려야 할지도 판단한다. 그때 부모는 힌트만 주면 된다.

이제 사례를 들어 구체적으로 통장의 활용법을 소개한다. 우선 매월 5만원을 아이에게 투자비로 제공한다. 이때의 투자비는 용돈에 포함된 금액으로 산정한다. 용돈 외에 별개의 돈이라고 한다면 아이는 공돈으로 여겨 자신의 것이 아니라고 생각한다. 그러면 자연히 관심도가 떨어지고 흥미도 금세 떨어지기 마련이다. 따라서 반드시 용돈에 포함된 금액임을 명확히 해야 한다. 만일 용돈을 주지 않는 가정이라면 용돈이라는 말을 하는 게 좋다. 누구나 '자신의 것'에 강한 애착을 가지고 있으므로 이 본성을 잘 이용하면 된다.

이렇게 월 5만원을 아이에게 주면 아이는 1만원씩을 3개의 통장에 각각 넣는다. 남은 2만원은 금통장과 주식통장 중에서 한 곳을 선택해 더 투자하게 한다. 이때 부모는 아이가 왜 그런 선택을 했는지 묻고, 선택을 잘할 수 있도록 다양한 정보를 제공한다.

이제 아이의 2개의 통장에는 각각 1만원씩 들어가 있다. 그리고 선택한 나머지 1개의 통장에는 3만원이 있다. 여기에 부모는 추가의 돈

	**1단계** 자녀에게 5만원의 투자금 지급
	**2단계** 3개의 마법 통장에 균등하게 1만원씩 투자
	**3단계** 아이와 부모가 논의해 1개의 마법 통장에 2만원 추가 투자
 	**4단계** 부모는 매월 아이의 복리식 적금통장에 15만원씩 기초 만들기 투자
	**5단계** 3단계에서 아이가 선택한 통장에 부모가 15만원 추가지원 투자
	**6단계** 1일, 1주일, 1개월 단위 실적을 함께 확인한 후 1단계부터 반복

을 더 투자한다. 이는 훗날 아이 곁에서 평생토록 앨리스 마법들이 아이를 위해 돈을 벌어오도록 하기 위함이다. 가령 추가로 30만원을 더 투자한다고 치면 15만원은 복리식 적금통장에 넣고, 15만원은 아이가 선택한 하나의 통장에 추가로 입금한다. 이때 꼭 지켜야 할 투자원칙은 안정성 확보와 더불어 복리의 효과를 극대화하기 위해 복리식 적금통장에 50%를 할당하는 것이다. 그리고 추가 투자금은 설사 아이의 선택이 부모의 선택과 다르더라도 아이의 선택권을 존중해 지원을 해야 한다. 그래야 아이는 부모의 믿음을 확인하고 돈에 대한 자신감과 책임감을 더욱 느낀다.

이로써 통장의 쓰임이 확실해졌다. 이러한 과정을 통해 아이와 부모는 경제를 기반으로 한 대화를 나눈다. 부모보다 아이가 먼저 대화를 청해오는 경우가 많다. 매일 또는 매월, 아이는 선택에 대한 결과를 통장이나 신문을 통해 확인하고 호기심을 갖는다. 또한 다음 달 선택을 위해 이번 달의 투자를 바탕으로 반성적이고 발전적인 사고도 한다. 말 그대로 아이는 매일, 매달 부자가 되기 위한 훈련을 남들보다 먼저 시작하는 셈이다. 이제 3개의 통장은 존재만으로도 아이의 경제교육에 제몫을 톡톡히 한다.

어린 시절에 만들어준 개인통장은 경제교육과 소통의 역할 이외에도 절세 혜택이라는 장점도 함께 제공한다. 대부분의 경우, 자녀들에게 용돈과 교육비 명목으로 인정될 수 있는 범위 내에서 증여된 금액에 대해서는 증여세의 문제가 발생하지 않는다. 나중에 문제가 되더라도 미성년자의 경우 10년간 1,500만원까지, 성인의 경우 10년간

3,000만원까지 증여세가 면제되기 때문에 위의 단계 자체가 재테크와 더불어 세테크의 역할까지 수행한다. 그러니 3개의 통장은 참으로 유용하다.

 아이가 선택한 3개의 앨리스가 각자 능력을 발휘하면서 내 아이의 부자 꿈은 선명해진다. 그 선명한 꿈의 발자취를 아이와 함께 더 자세히 따라가보자.

든든하고 믿음직한 앨리스
'복리식 적금통장'

게으름을 모르는 적금계의 마당쇠! 푼돈을 목돈으로 만드는 뚝심의 마술사! 복리식 적금통장을 두고 비유할 수 있는 말이다.

적금은 매달 일정 금액의 돈을 꼬박꼬박 입금하는 방식으로 가장 안전하고 전통적인 투자방법이다. 이러한 적금에는 당연히 이자가 붙는다. 이자가 붙는 방식에는 2가지가 있다. 매달 내가 입금한 돈에 대해서만 이자를 주는 단리가 있고, 내가 입금한 돈에 붙은 이자도 합쳐서 다음 달 이자를 계산해주는 복리가 있다.

즉 단리는 원금에만 이자를 붙여주지만 복리는 원금에 붙은 이자까지 이자를 주는 방식이다. 때문에 단리식 적금보다 복리식 적금이 더 많은 이익을 창출한다. 그러니 뚝심 있게 자기 일을 해나가는 마당쇠이며, 없던 돈을 만들어내는 마술사라 불러도 과언이 아니다.

단리와 복리의 이자계산법
- 단리: $S = A(1+rn)$
- 복리: $S = A(1+r)^n$

(S: 원리금 합계, A: 원금, r: 이자율, n: 기간)

위와 같이 복잡한 수식을 대입하지 않더라도 이자까지 더한 후에 이자를 또 붙여주는 복리통장이 유리하다는 것은 기본 상식이다. 그렇기 때문에 은행에서는 단리통장의 금리를 다소 높게 하고 복리통장은 이자를 조금 낮게 해서 둘의 차이를 줄이려 한다. 가입자 입장에서는 조금 치사한 방법이지만 엄연한 기업적 수완이기에 매우 똑똑한 방법이 아닐 수 없다. 처음에 어느 정도 차이를 보이며 출발하던 두 통장은 일정 시간(대략 10년 이내)이 되면 적금 만기일에는 별반 차이가 나지 않는다.

하지만 투자가 장기간 지속되면 상황은 많이 달라진다. 사실 이자가 똑같은 조건일 때라도 복리통장이 단리보다 확실히 유리하다. 여기에 장기간 투자될 때 복리의 우세는 완전히 확실시된다. 항간에 흘

30년 투자시 단리와 복리의 비교

(세금공제전, 투자금:1000만원, 수익률: 연10% 단위: 만원)

기 간	단 리	복 리	차 액
1년	1100	1100	100
5	1500	1610	110
10	2000	2593	593
15	2500	4177	1677
20	3000	6727	3727
25	3500	10834	7334
30	4000	35663	31663

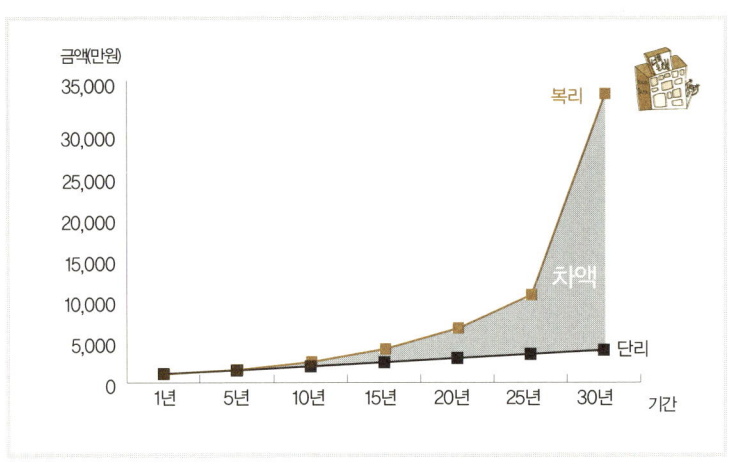

려들던 말이라도 '복리의 마술'이라는 말을 들어봤을 것이다. 복리는 마술처럼 놀라운 효과를 나타내기에 하는 말이다. 실제로 복리는 눈덩이 효과를 가져다준다.

그러나 그 효과를 실감하기 위해서는 대략 25년 정도는 꾸준히 투자를 해야 한다. 따라서 빠르면 빠를수록 복리 마술의 놀라움은 극대화 된다. 아인슈타인이 "인류의 가장 위대한 발명품 중의 하나이자 세계 8대 불가사의"라 불렀던 복리효과는 남의 얘기가 아니다. 지금 내 아이의 장래를 생각했을 때 그 눈덩이 효과를 누리는 것은 결국 아이와 부모 모두인 셈이다.

하지만 무조건 복리만이 유리하다고 할 수는 없다. 투자기간에 따라, 금리의 고저 여부에 따라 어떤 것이 더 유리한 투자방법인지 확인해야 한다. 다시 말해 복리상품이 눈덩이 효과를 내기 위해서는 '시간, 수익률, 지속적인 수익 창출' 과 같은 최소한의 3가지 조건이 충족

내 아이를 위한 3개의 통장 TIPS
단리상품과 복리상품의 실제 비교
—현재 시중은행에서 판매되고 있는 두 가지 상품(2011년 3월)

보통 복리상품의 경우 월불입액과 불입 기간을 제한하는 등의 방법으로 복리로 인한 이자 과다 지출을 방지하는 시스템을 채택. 또는 단리상품보다 복리상품의 이자를 매우 낮게 책정해 복리의 효과가 없음.

A은행 : 단리(4.7%)와 복리(4.3%) 금리 자체는 비슷하나 3년 이하 기간 동안 분기에 100만원(월 약 33만원) 이하 한도 적용

구 분	월납입액	금리	기간	원리 합계
복리	25만원	4.3%	5년	16,761,163
단리	25만원	4.7%	5년	16,791,880

B은행 : 한도 월 1천만원까지 비교적 높으나, 단리상품(4.7%)에 비해 복리 금리(3.3%)가 낮고 기간도 5년 이하로 제한

구 분	월납입액	금리	기간	원리 합계
복리	25만원	3.3%	5년	16,258,140
단리	25만원	4.7%	5년	16,791,880

• 단리상품도 연복리 효과는 있기 때문에 월복리와 연복리 차이가 미미하므로 결국 금리가 높은 상품이 유리

돼야 한다.

   금융기관별로 선택 가능한 복리상품은 몇 개 되지 않는다. 복리라는 이름으로 단리상품보다 낮은 수익률을 제공하는 경우가 많다. 따라서 복리라는 이름으로 무조건 착각에 빠져 현혹되지 말고 그 속에 숨겨진 수익률을 꼼꼼히 따져야 한다.

★ 복리식 적금통장을 잘 만드는 방법

A 방송사의 경제 프로그램에서 복리의 중요성을 강조하는 내용을 보았다. 월 50만원씩 연 수익률 10%의 금융상품에 30년간 저축했더니 그 금액이 자그마치 11억 3천만원이나 되었다는 이야기다. 원금은 1억 8천만원에 불과했다. 복리의 힘으로 원금의 6배나 되는 어마어마한 돈을 만들어낸 것이다. 새삼 복리의 힘을 다시 한 번 느끼는 순간이었다.

아마 지금 이 이야기를 접한 사람이라면 '정말 어마어마하구나' 감탄했을 것이다. 어느 정도라야 감을 잡는데 이건 너무 비현실적이어서 감조차 잡기 어렵다. 사실 그 비현실적인 느낌이 오히려 정확한 셈이다. 솔직히 말하자면 우리의 현실에서 위와 같은 상황은 지나치게 비현실적인 사례였다고 할 수 있다. 연 10%를 확정적으로 주는 상품이 없을 뿐만 아니라 그토록 장기간 투자하는 사람도 흔치 않다.

그러나 너무 낙담하지는 말자. 지금 우리가 이 책을 읽는 목적을 잊어서는 안 된다. 일단 필요한 것은 전적으로 아이를 위한 통장이다. 내 자녀를 위한 인생 플랜이라면 충분히 가능토록 연출할 수 있다. 다시 말해 아이의 장래를 목표로 하는 장기투자 통장이라면 성년이 된 자녀를 부자로 만들기는 쉽다는 뜻이다.

따라서 장기간 투자계획에 훨씬 유리한 복리식 적금통장을 조속히 만들 필요가 있다. 이를 성공적으로 이끌어가기 위해서는 몇 가지 전제 조건을 알아야 한다.

첫째, 장기투자를 해야 한다.

재차 강조하는 것처럼 복리의 마술은 시간의 마술이기 때문이다. 만족스런 복리 효과를 내기 위해서는 최소한 20년 이상의 투자가 보장돼야 한다. 대박 수익률이 아닌 적은 수익률이라도 시간을 유지함으로써 효과가 커지기 마련이다.

둘째, 최대한 수익률이 커야 한다.

'티끌 모아 태산'이라는 속담을 명심하라. 즉, 시간과 부는 비례한다. 하지만 시작을 어느 정도에서 시작하느냐에 따라 태산이 동네 앞산이 될 수도 있고, 히말라야처럼 커다란 산맥이 될 수도 있다. 따라서 최고의 복리 효과를 누리려면 실질물가상승률을 상회하는 수익률이라야 한다.

셋째, 비과세라야 복리 효과가 커진다.

수년 간 인내와 끈기로 쌓아올린 공든 탑에서 벽돌 하나 빼는 일은 쉽지 않다. 빼낸 빈 공간 때문에 탑이 무너지는 것 같은 안타까움과 실망감이 들어 기분이 상한다. 세금이 바로 그런 벽돌 같은 기분을 느끼게 하는 씁쓸한 존재이다. 그래서 가능한 한 비과세, 세금우대, 분리과세 상품인지를 확인해야 한다.

이러한 사항들을 꼼꼼하게 체크해 아이의 복리식 적금통장을 만든다. 다음의 7단계를 따라 하면 된다.

- 1단계 : 아이와 함께 우리 동네에는 어떤 은행들이 있는지 찾아본다.
- 2단계 : 우리 동네에 있는 은행 중 '○○은행'이 어디에 있는지 확인한다.
- 3단계 : 가족이 등재된 주민등록등본, 아이 도장, 부모 신분증을 준비한다.
- 4단계 : 제일 가까운 ○○은행에 아이와 함께 방문한다.
- 5단계 : 번호표를 뽑고 신규통장 개설 코너에서 기다린다.
- 6단계 : "내 아이 부자 만들기 복리식 적금통장 만들어주세요"라고 말한다.
- 7단계 : 통장을 만들어 집으로 돌아온다.

이렇게 7단계만 따라 하면 첫 번째 적금 마법의 힘을 갖게 된다. 복리의 위대한 승리는 중국의 재미난 설화에서도 나타난다.

고대 중국의 한 황제가 장기판을 개발한 자에게 상을 내리기로 했다. 황제는 그에게 무엇을 상으로 받고 싶은지 물었다. 그는 소박하게 콩을 달라고 했다.

"장기판의 첫 번째 칸에 콩 한 톨을, 두 번째 칸에는 두 톨을, 그 다음에는 네 톨을 올리는 식으로 2배씩 칸을 채워주십시오."

황제는 너무나 소박한 그의 부탁을 선뜻 승낙했으며 요구대로 콩을 지급케 했다. 그러나 얼마 지나지 않아 신하가 보고했다. "황제의 곳간을 다 비우지 않고서는 그 요청을 들어줄 수 없습니다." 마지막 81번째 칸에 가면 무려 25자리 숫자만큼의 콩이 필요하기 때문이다 (1,208,925,819,614,629,174,706,176-일자 이천팔십구해 이천오백팔십일일경 구

천육백일십사조 육천이백구십일억 칠천사백칠십만 육천일백칠십육).

이 이야기를 통해서도 느꼈듯이 저금리 시대에 똑똑한 예비 부자의 부모라면 높은 금리의 복리상품과 비과세상품을 고르는 지혜가 있어야 한다. 지금 만든 첫 번째 통장은 2배씩 채워지는 콩알처럼 아이를 평생 부자로 살아가게 만드는 든든한 초석으로 존재할 것이다.

내 아이를 위한 3개의 통장 TIPS
미성년자 통장 개설시 준비사항

미성년자 명의로 통장을 개설할 때 다음의 준비물이 필요하다.
① 부모 신분증
② 가족관계 증빙서류 (주민등록등본, 주민등록초본, 가족관계 증명서, 기본 증명서)
③ 거래용 도장

- 가족관계 서류는 동사무소에서 발급 가능하다.
- 미성년자 계좌 개설과 가족관계 서류의 경우 금융기관별로 차이가 있으니 반드시 전화 확인 후 방문해야 한다.

03
아이의 경제습관 복리처럼 키우자

럭비공처럼 요리 튀고 저리 튀는 아이, 복리식 적금통장은 만들었는데 아이가 제대로 따라 줄지는 여전히 의문이다. 아이의 경제 실천은 믿음이라고 강조했다. 그렇다면 아이만 믿고 있으면 될까? 절대 그렇지 않다. 신뢰는 바탕이 되는 것일 뿐 구체적인 방법이 되지는 않는다. 땅만 다져놨다고 그곳에서 싹이 나오겠는가! 씨앗을 뿌리고 거름을 주어야 복리처럼 많은 양의 수확물도 거둘 수 있는 법이다.

저축도 매한가지이다. 단순히 '저축해라'라고 하면 어떤 아이가 "그래! 나의 장래를 위해 지금부터 저축해서 돈을 불릴 거야"라는 기특한 생각을 하겠는가. 통장의 돈이 점점 늘어난다고 해서 "이게 내 돈이구나! 더 착실하게 지켜나가야지" 하고 마음을 다지겠는가. 그것도 아이가 돈에 대한 가치를 깨달았을 때만 가능한 일이다. 저연령의 아이는 통장의 숫자를 돈으로 인식하기 어렵다. 그래서 올바른 경제습관을 통해 돈의 가치가 정립돼야 3개의 통장의 의미가 현실적으로 와 닿는다.

따라서 3개의 통장만큼 중요한 것은 아이의 경제습관을 바로 잡아주는 일이다. 복리식 적금통장으로 기름진 땅을 다져두었다면 씨앗과 거름이 되는 올바른 경제습관을 잡아주어 부자 되는 DNA를 열매 맺게 해야 한다.

그렇다면 아이에게 경제습관을 길러주기 위해 어떤 것을 가르쳐야 할까? 보통의 부모라면 '용돈기입장 쓰기', '저축하기', '절약하기' 등이 떠오를 것이다. 사실 가정에서 아이에게 구체적이고 체계적인 경제교육을 시키기란 말처럼 쉬운 일이 아니다. 자칫 접근을 잘못하면 아이는 경제습관을 규칙이나 의무로 생각해 자율적으로 습관화 되지 못하고, 부모가 있을 때만 잘하는 일종의 '보이기식 임무'로 전락하기 쉽다. 그러므로 아이의 경제습관을 길들일 때는 우리 머릿속에 오랫동안 자리 잡은 선입관부터 지워야 효율성이 극대화된다.

요컨대 용돈기입장을 쓰고, 저축을 잘하고, 절약을 한다고 해서 아이가 부자 되는 것은 아니다. 중요한 것은 겉핥기식 학습이 아닌 자율적인 습관화가 되었느냐의 문제이다. 그렇기 때문에 이제까지와는 다른 새로운 시각으로 경제습관을 길들일 필요가 있다. 지금부터 기존의 상식은 비우고, 아이를 위한 소소한 생활습관 길들이기부터 차근차근 배워나가자.

★ 경제교육을 시작하기 전 부모의 궁금증

경제습관은 생활교육임을 여러 차례 강조했다. 일상적 생활에 대해 올바른 시각을 가지고 아이가 판단할 수 있도록 도와주는 것이며 우리와 함께 살아가는 언어와 같다. 그렇기 때문에 어릴 때부터 배우는 것이 거부감이 덜하고 훨씬 재미있게 받아들인다.

그러나 공감하면 할수록 부모 입장에서는 부담감이 더욱 느껴지는 것도 사실이다. "솔직히 부모인 제가 경제에 대해 잘 모르는데 어쩌죠?"라며 고민하는 부모가 많다. 그것은 경제가 어렵다는 생각을 가지고 있기 때문인 경우가 많다. 경제는 결코 어렵다거나 가르칠 자격이 따로 주어지는 전문지식이 아니다.

보통 경제교육이라고 하면 인사, 재무, 회계, 소비자 심리, 거시, 미시 등의 경제학을 떠올리기 쉽다. 아이를 위한 경제교육은 '화폐, 합리적인 선택, 기회비용, 가격, 협상, 용돈, 금융기관' 등과 같이 대단히 실용적이고 생활적인 부분이 주를 이룬다. 따라서 이러한 부담감으로 지레 포기하는 부모가 없길 바란다. 이제 평소 부모들이 가장 많이 궁금해 하는 질문 몇 가지를 짚어보자. 이를 참조해 가벼운 마음으로 아이의 경제습관 길들이기를 본격적으로 시도해보자.

▶ 집이나 실생활에서 부모가 시킬 수 있는 교육은 무엇인가요?

먼저 너무 어렵게 생각하면 안 된다. 아이가 생활하고 있는 범위 내에서 경제교육을 시행하면 된다. 그래야 아이도 낯설어하지 않고 재미있어 한다. 가정 내의 돈의 흐름, 부모의 직업 이야기, 생일 이벤트 기획하기, 요리하기와 물건 구입하기, 은행에서 상품 고르기 등등 생활 속에서 아이가 평소에 접하는 내용을 중심으로 시작하라.

▶ 아이가 저학년인데 벌써 경제에 대해 알 필요가 있나요?

우리나라 기성세대들은 돈에 대한 부정적인 이미지가 강해 아이와 경제는 서로 어울리지 않는다고 생각한다. 하지만 기성세대를 돌아보면 전 학년을 통틀어 실질 경제에 대해 전혀 배울 기회가 없었다. 그리고 바로 사회생활을 하면서 경제생활의 어려움을 몸소 실감한다. 이러한 부모의 모습을 자녀들이 답습할 필요는 없다.

▶ 유아나 초등 저학년 아이에게 경제교육을 처음 시키려면 어떠한 주제로 접근하면 될까요?

아직 돈이나 경제에 대해 개념을 확립하지 못한 유아에게는 놀이를 통한 기초 개념 인식이 좋다. 예를 들어 동전과 지폐 교환하기, 엄마 아빠의 직업을 잡지에서 찾아보기, 돼지저금통에 동전 넣기, 슈퍼에서 과자 사오기 등을 놀이처럼 진행하면 된다. 초등학교에 입학한 후에는 돈과 은행, 수입/지출, 직업 등에 대한 개념이 어느 정도 서 있다는 가정 하에 실생활에서 많은 체험을 제공하면 된다. 과자 사고 거스름돈 받기, 은행에서 예금통장 만들기, 용돈 관리하기, 집안일 돕기 등을 하면 좋다.

04
왜 용돈을 주어야 하는가

학부모를 대상으로 한 워크숍에 가면 가장 많이 듣는 질문 중의 하나가 바로 아이의 용돈에 관한 문제이다. 얼마를 주는 게 적당한지, 돈을 일찍 다 써버리면 어떻게 해야 하는지, 용돈기입장은 쓰게 하는 게 좋은지, 용돈을 주면 전혀 돈을 쓰려 하지 않는데 어떻게 해야 하는지 등등 질문의 종류도 다양하다.

용돈이란 아이가 일상생활을 할 수 있도록 허락 받은 돈이다. 즉, 용돈은 자율적으로 써도 되는 일정 금액이기 때문에 아이에게는 첫 번째 불로소득인 셈이다. 이러한 용돈의 속성은 아이의 속마음을 들여다보지 않고서는 어떻게 이용될지에 대해 알 길이 없다. 그래서 부모들은 용돈을 주면서도 아이가 돈을 잘 쓰고 있는지 불안해하고, 일일이 체크해야 할지 망설임이 생긴다. 그러니 자연히 다양한 질문이

나오게 마련이다.

혹시 당신은 자녀에게 용돈을 주면서 어떤 기대를 가지고 있는가? 이유 없이 용돈을 주는 부모는 없다. 모름지기 용돈의 존재는 '계획적인 지출과 자기관리'라는 사고 형성에 큰 목적을 둔다. 물론 그 외에도 씀씀이를 확인할 수 있는 기회를 제공하고, 돈의 소중함과 돈 버는 부모의 고충을 이해하길 바라는 부모도 있을 것이다. 또는 '남들이 주니까 우리도'라는 묻어가기 식과 요구할 때마다 조금씩 주기가 귀찮아 그저 정기적으로 용돈을 주는 부모도 있다. 이유가 어떻든 기본적인 원리만 준수되면 용돈은 아이의 경제습관을 길들이기에 가장 효과적인 수단이다.

아이에게 용돈을 통해 가르치는 기본 원리는 다음과 같다.

첫째는 '계획력'이다. 용돈은 액수가 한정되어 있으므로 효율적인 소비와 관리가 포인트가 된다. 일정 기간 필요한 돈의 액수와 사용처를 미리 알고 계획을 세운 후 사용하는 능력을 키우도록 한다.

두 번째는 '관리력'이다. 비용 사용처에 대한 계획을 세울 수 있다면 그와 동시에 계획에 의한 집행이 되도록 관리할 수 있어야 한다. 이러한 관리를 위해 용돈기입장을 쓰고, 영수증을 모으는 등 보다 비주얼한 도구들을 사용하게 된다.

세 번째는 '자제력'이다. 아이는 삶을 위해 꼭 필요한 '니즈needs'와 개인적으로 만족하려는 '욕구wants'를 구분하지 못하는 경우가 많다. 즉, 반드시 사용해야 하는 경우와 그렇지 않고 자제를 해야 하는 경우를 잘 구분하지 못한다. 이 부분에서 부모와 충돌이 가장 많이 일어난다. 물론 생활이 윤택해지기 위해서는 '욕구' 부분이 충족되어야 하지만 자녀의 용돈 교육은 일단 '니즈'까지가 우선이다. 이러한 구분은 영수증을 모으면서 직접 용돈기입장을 작성하게 하면 의외로 쉽게 스스로 느껴 나갈 수 있다.

네 번째는 '미래 대비'다. 성인들은 보험을 통해 미래를 대비하지만 자녀는 아직 미래에 대한 개념이 희박하다. 지금의 만족이 미래 가치보다 큰 것이다. 눈에 보이지 않는 미래보다 눈앞에 보이는 현재가 큰 의미로 다가선다. 대부분의 경우가 그렇다. 그래서 어린이들에게 저축은 너무나도 어렵다. 그러나 저축을 하는 것은 미래에 대비하는 것이며 큰 소비를 위한 비축이라고 가르쳐야 한다.

많은 전문가들은 용돈 중 먼저 저축할 돈을 떼어놓고 쓰게 하라고 권한다. 하지만 용돈 자체가 풍족하게 지급되지 않는 어린이의 현실에서 무조건 '저축 우선'을 강조하고 싶지는 않다. 용돈이 부족한 상황에서 무조건 저축을 강요하면 아이의 소비 패턴이 왜곡될 수 있다.

다섯 번째는 '수입원의 확대' 개념을 들 수 있다. 대부분의 부모들에게 수입원이 월급이듯이 자녀에게 유일한 수입원은 용돈이다. 이러한 수입원인 공급의 변동 없이 지출인 수요만 강조하면 아껴 쓰는 것 말고는 미래를 대비할 수 있는 방법이 전혀 없다. 이러한 틀을 깰 수 있는 유일한 방법은 공급인 수입원을 확대하는 것이다.

이를 위해 두 가지 개념을 알려 줄 수 있다. 우선은 생산적인 일에 참여해 대가를 받는 것이고, 두 번째는 돈이 돈을 벌게 하는 투자에 대해 알려주는 것이다. 은행의 이자에 대해 들려주고, 주식의 배당과 주가 상승, 채권의 수익 등 우리 사회에서 재테크라 일컬어지는 기초를 설명하면 효과가 좋다. 고학년 아이일 경우에는 적은 시간이나마 가정이나 동네에서 아르바이트를 하거나 벼룩시장에 참여해 수익원의 확대를 기대할 수 있다. 이렇게 차츰 노동의 대가와 돈의 가치에 눈뜨게 된다.

용돈을 주는 목적은 부모의 필요에 의해서라기보다는 아이에게 미래에 보다 합리적인 소비활동과 계획관리 능력을 키워줄 수 있도록 훈련을 시키기 위함이다. 부모가 모든 것을 제공하고, 의사결정을 내려주면 당장은 편하지만 장기적으로 아이는 다른 아이에 비해 경제적 판단 능력이 떨어질 수밖에 없다. 부모가 대신 해주던 의사결정과 지출 결정을 하나씩 넘겨주어 아이가 주도적으로 올바른 판단을 내릴 수 있도록 해야 한다.

★ 용돈은 얼마 정도가 적당할까?

이제 용돈을 주는 기술을 익혀보자. 용돈은 언제부터, 어느 정도의 주기로 줘야 할까? 용돈은 몇 살 때부터 주어야 한다는 규칙은 없다. 다만 전문가적 관점에서 보면 아이가 돈의 효용가치에 대해 알고, 스스로 관리할 수 있는 기초가 형성되었을 때부터 시작하면 된다.

보통 돈의 효용에 대해서는 유치원 연령(6~7세)이면 충분히 알고 있다. 그리고 스스로를 억제하고 관리하는 모습은 대략 초등 2~3년이면 보인다. 그렇기 때문에 집안 특성과 환경에 따라 대략 초등 1~3년 사이쯤이 용돈을 주기에 가장 적절한 시기이다. 저학년이면 짧은 기간으로 주고, 고학년으로 갈수록 기간을 늘리면서 주는 게 좋다.

저학년의 경우에는 3일이나 1주일 단위로 지급하고, 고학년으로 가면서 점차 기간을 늘려 중등 이상은 1개월 단위로 주면 된다. 저학년의 경우 오늘, 내일, 모레 정도의 계획수립은 가능하지만 아무래도 멀리 있는 날에 대한 감각은 떨어지기 때문에 장기간의 용돈 계획이 어렵다. 따라서 저학년을 대상으로 용돈을 처음 줄 때 이 점을 유의해서 지급하고, 어느 정도 용돈관리가 익숙해졌다 싶으면 학년과는 관계없이 점차 기간을 늘려가는 게 좋다. 그러면 다른 생활에서의 계획 능력과 관리 능력도 함께 발달된다.

이렇게 아이에게 용돈을 줄 때 기간 외에 별도의 수익 창출 방법을 함께 제시하면 교육 효과는 극대화된다. 가정 내에 일거리를 만든다든지, 부모를 포함한 가족에게 편의를 제공하는 노동 등으로 부모와 아이가 함께 규정을 만들어 일의 강약, 성과에 따라 경제적 혜택을 제공한다. 가령 아이의 기질에 비추어 까다롭거나 인내가 필요한 일에는 용돈을 더 주고, 좀 쉬운 일은 덜 주고, 당연히 해야 하는 방 청소나 용모 정리, 학습(숙제, 공부)에 관한 일은 의무사항으로 관리한다.

그리고 이 의무사항을 지키지 않으면 페널티(벌금)를 주는 방식으로 책임감도 심어주어야 한다. 이때는 아이에게만 페널티를 강요할 것이 아니라 부모도 지켜야 할 의무를 만들어 가족 모두가 약속을 지키는 노력을 하면 공동체 의식과 더불어 노동을 통해 돈을 버는 경험을 하게 된다. 그러면 아이는 자연히 노동의 가치와 차등 보상에 대한 개념도 함께 배운다.

용돈의 액수에 정해진 지침은 없다. 각 가정마다 적정한 경제 수준을 고려해 책정하면 된다. 우선 1개월 정도 아이에게 들어가는 돈을 별도로 기록한다. 교통비, 군것질비, 학원비, 여가비, 식대, 통신비 등을 관찰해서 1개월 비용의 합을 내면 대략적으로 용돈의 기준이 잡힌다. 합을 낸 값의 약 80% 정도를 아이의 용돈으로 산정하면 된다. 만일 합산된 금액에서 학원비는 빼고 싶다면 그 금액을 뺀 80%가 적당하다. 예를 들어 순수하게 아이에게만 한 달에 5만원가량을 쓰면 용돈은 4만원 선으로 한다. 100%보다는 약간 부족하게 주어야 아이가 계획성 있게 지출을 관리하기 때문이다.

물론 이렇게 되면 몇몇 아이는 용돈이 부족하다고 떼를 쓰는 경우도 있다. 심지어 자신의 돈은 쓰지 않고 필요한 것을 엄마에게 사달라고 억지를 부리기도 한다. 혹시 내 자녀가 여기에 해당된다면 용돈이 부족한 이유에 대해 충분히 얘기를 들어줘야 한다. 부족한 용돈은 아이를 거짓말쟁이로 만들고 부모 몰래 지갑에 손을 대는 아이로 만들 수 있기 때문이다. 그래서 용돈의 사용처에 대한 의견을 나누고 합당한 의견이라면 금액에 반영을 한다(이때도 아이가 요구하는 금액의 80%만 지급한다).

용도가 군것질이나 PC방 등의 불필요한 지출이면 진지한 대화를 통해 타협점을 찾아야 한다. 부모와 아이가 함께 용돈의 범위와 기간

에 대해 기준을 명확히 하고, 용돈 이외의 돈을 주는 것은 서로의 약속에 의해 '금지' 되는 것으로 정한다. 단 노동을 통한 별도의 근로소득이 있음을 주지시키는 것도 좋은 방법이다. 이를 통해 아이는 또 다시 '협상과 소통' 이라는 경제관념을 배울 수 있다.

이로써 용돈 주는 기술과 습관 형성을 위한 관리 방법에 대해 살펴보았다. 여기서 한 가지 빠진 부분은 바로 생각지 못하게 들어오는 돈이다. 친척이나 부모의 친구 등 어르신들이 주는 용돈, 세뱃돈 등이다. 이러한 돈은 기간제 용돈보다 많을 때가 있다. 어떻게 관리해야 좋을까? "잃어버릴 수 있으니 엄마가 잠깐 맡아 놓을게", "용돈도 받는데 뭔 돈이 더 필요해. 이리내"와 같이 비논리적인 모습은 더 이상 보이지 말자. 이제 막 합리적인 경제습관을 배우려는 아이에게 혼돈만 줄 뿐이다.

가장 좋은 방법은, '내 것' 에 강한 애착이 있는 유치원 아이일 경우 돼지저금통에 넣어 아이의 돈임을 명확히 해주고, 초등학생 이상이면 아이 명의의 은행통장에 직접 저축을 하게 한다. 그런 후 통장은 아이가 보관하도록 하면 내 돈이 되었다고 생각한다.

내 아이를 위한 3개의 통장 TIPS
통장을 깨지 않으려면

통장 겉면에 아이가 사용하고 싶은 지출처를 장기지출처, 중기지출처 등으로 나누어 사진과 제목을 붙인다. 해당 금액이 될 때까지 부모가 후원하고 아이가 열심히 모으면 통장은 쉽게 깨지지 않는다. 또한 '미래를 위한 현재의 소비 억제력' 향상에 큰 도움을 준다.

05
어려운 용돈기입장은 쓰게 하지 마라!

혹시 학창시절에 수학을 좋아했는가? 이 질문에 자신있게 '예'라고 대답하는 사람은 드물다. 아무리 내가 수치와 씨름하는 직업을 가져도 솔직히 나 역시 계산은 질색이다. 수학이란 늘 골치 아픈 숙제아 같은 것이어서 웬만하면 피하고 싶다. 이러한 나의 마음은 어머니들이 가계부 쓰는 것과 같지 않을까. 꼬박꼬박 가계부를 쓰는 부모도 있겠으나 대부분의 사람들에게 가계부 기록은 귀찮고 부담스럽다. 용돈기입장을 쓰는 아이의 심정도 마찬가지이다.

어릴 때부터 용돈기입장 쓰는 버릇을 생활화하라고 말은 하지만 아이의 입장에서 보면 그것은 골치 아픈 수학문제를 만난 것과 같다. 그만큼 답답하고 불편하고 귀찮고 어렵다. 아이가 숫자에 스트레스 받고 살아가는 것을 생각하면 어디까지나 용돈기입장은 아이에게 큰

짐을 더 씌워주는 꼴이다. 따라서 나는 아이에게 용돈기입장 쓰는 습관부터 가르치는 것을 권하지 않는다. 미리부터 스트레스를 받으며 경제와 멀어지게 할 필요는 없기 때문이다.

어린이용으로 판매되는 용돈기입장을 본 적이 있는가? 보통의 어른들도 골치 아파지는 이월금, 잔금, 대변, 차변, 총계 등을 요구한다. 도대체 용어의 의미조차 아이에겐 가늠이 힘들다. 아이는 일단 재미가 없으면 아무것도 하지 않는다. 물론 처음 얼마간은 흥미롭게 할 수도 있다. 현재 금액을 맞춰 씀씀이와 맞아떨어지면 뿌듯함도 느낀다. 하지만 지속적으로 돈과 숫자를 맞춰야 하는 문제가 지속되면 차츰 부담감을 느끼고 어느 순간 한숨을 절로 쉰다. 그러다 보면 흥미를 잃고 하루이틀 밀려 다시는 하고 싶지 않은 숙제처럼 인식하고 만다.

그렇다고 용돈에 대한 기록을 무시하고 넘어갈 수는 없다. 사용처에 대한 아무런 기록을 남기지 않으면 용돈을 주며 가르치고자 했던 목적이 무의미해진다. 용돈을 통한 지출계획과 관리를 뚜렷하게 하기 위해서는 무엇보다 용돈기입장과 같은 수단이 반드시 필요하다. 지출 경로를 보고 어디에, 무엇을 위해, 얼마만큼의 소비가 이루어지는지 패턴을 파악해야 과소비에 대한 반성을 할 수 있으며, 이후의 용돈도 관리할 수 있는 계획력이 생긴다. 지출 내역이 남아 있지 않으면 돈에 대한 가치 개념이 무너질 수 있기 때문이다. 그러므로 기록은 반드시 필요하되 기록 자체에 스트레스를 받지 않는 방법이 중요하다.

용돈과 용돈기입장을 원래의 목적인 '아이 경제교육'에 활용시키기 위해서는 '쉽고 재미있어야' 하며, 교육학에서 말하는 'Hands on-Minds on'(직접해보고 동기부여하기)의 개념을 도입해야 한다. 그래서 보다 재미있게 아이가 접근하고, 스스로 할 수 있는 동기를 부여하며, 생활 속에서 습관화하는 방식으로 경제교육을 해야 한다. 따라서 그냥 재미있게 쓸 수 있는 수준의 '영수증 관리노트' 정도라도 충분하다.

영수증 관리노트는 수많은 강연을 다니면서 학부모와 아이들의 경험담과 의견을 수렴하여 고안한 것으로 쉽고 간편하게 금전출납을 시각적으로 관리할 수 있다는 장점이 있다. 일일이 기록해야 하는 번거로움 없이, 영수증을 직접 붙이는 단순한 활동을 통해 아이들은 부담감 없이 영수증을 모으고 정산하는 행위에 재미를 느끼게 되는 것이다. 이러한 체험활동은 비교적 단기간에 자연스럽게 습관화로 정착되어 용돈기입장의 교육 목적을 달성할 수 있다. 다만 '영수증 관리노트'는 시중에 별도로 판매되지 않는 상품으로 이 책의 샘플(p 94)을 참조하거나 앨리스 홈페이지(www.elisindex.com)에서 언제든지 다운로드 받을 수 있다.

★ '영수증 관리노트'를 습관화시키자

영수증 관리노트라고 하니 거창해 보이지만 사실 매우 단순하다. 우선 빈 노트를 준비한다. 문구점에서 파는 1,000원짜리 노트면 충분하다. 노트의 표지에 '영수증 관리노트'라고 정성들여 큼지막하게 쓰고 페이지 상단에 날짜를 적게 한다. 그런 다음 그 날짜에 지출한 돈의 영수증을 모두 붙이고 아래에는 합계 금액을 기록하게 한다. 하루에 꼭 한 페이지를 할당해야 하며 지출이 없으면 '0'이라고 쓰게 한다. 이것이 바로 영수증 관리노트이다. 얼마나 간단한가! 어른들이 회사의 공금을 사용하고 영수증을 제출하는 것과 똑같은 원리이다.

하지만 이러한 의문도 생긴다.

"아이가 주로 지출하는 항목은 군것질이나 교통비인데, 이런 곳은 영수증이 없어요."

실제로 그렇다. 길거리 음식을 사먹으며 영수증을 받을 수 있는 곳은 많지 않다. 그러면 지출 기록에 차질이 생기겠지만 영수증 관리노트의 장점인 직접 체험의 효과를 발현시킬 수 있는 때이기도 하다. 바로 부모와 자식 간의 '유대감과 친밀감'을 형성할 수 있는 기회이다.

아이가 영수증을 받을 수 없는 곳에 용돈을 지출했다면 '부모의 영수증'을 받도록 하자. 부모는 미리 문방구에서 간이영수증을 준비해 둔다. 그런 다음 아이가 사용은 했는데 영수증을 받지 못한 돈에 대해 아빠나 엄마가 대신 영수증을 써서 준다. 이때 지출 용도를 나무라거나 무성의하게 작성해주지 말고, 마치 아이와 놀이를 하는 것처럼 가상 공간(회사나 슈퍼마켓) 놀이로 만들어 재미를 느낄 수 있도록 한다. 저학년일 경우에는 '엄마 슈퍼마켓', '아빠 문방구'와 같이 가상의 회사를 만들어 영수증 교환놀이를 하면 아이가 빠르게 적응한다.

이렇게 간단하게 영수증 관리노트만 만들어도 용돈기입장을 통해 얻고자 하는 경제교육의 효과는 충분히 얻는다. 더불어 부모는 아이의 지출에 일일이 신경 쓰며 감시하지 않아도 돼서 편하고, 아이는 프라이버시를 지키면서 재미있게 스스로 용돈을 통제하는 자기주도성을 확보하게 된다. 따라서 부모와 자녀 사이에 신뢰가 쌓이고 사랑으로 묶인다.

매일 모은 영수증 관리노트는 주간 또는 1개월 단위로 정산한다. 합산은 아이가 직접 하도록 하고 부모는 검산을 한 뒤 남아 있는 돈과 비교해 착오가 없는지 확인한다. 그러면 정산은 끝이다. 여기에 사족처럼 왈가불가 지출 내역을 논할 필요는 없다. 자녀가 고학년일 경우에는 부모가 꼬치꼬치 남아 있는 돈을 확인하지 않도록 한다. 아이 스스로 생각할 여지를 남겨두는 것이다.

내 아이를 위한 3개의 통장 TIPS
부자기회 노트

일종의 반성과 결심을 담는 노트이다. 쓸데없는 물건을 충동구매한 것은 없는지, 집에 이미 있음에도 자세히 살펴보지 않고 또 산 것은 없는지, 부주의하게 물건을 잃어버려 두 번 산 경우는 없는지, 길거리 음식을 너무 많이 먹지는 않았는지, 스스로 평가와 반성을 하도록 한다. 그러면 아이는 실수와 잘못에 대한 대책도 더불어 고민하게 된다.

20　　년　　월　　일　　날씨 :	

이곳에 오늘 쓴 영수증을 붙여 주세요

오늘의 지출 합계	원
필요한 지출과 그 이유	
불필요한 지출과 그 이유	

영수증 관리노트 작성 요령

① 아이가 용돈을 사용할 때는 가급적 영수증을 챙기도록 한다.
② 당일 영수증은 반드시 그날 페이지에 붙인다.
③ 하루치 영수증을 모두 붙인 후 하단에 합계를 적는다.
④ 정산 기간을 정해 합계를 낸다. 1주일 단위가 가장 좋다.
⑤ 원래 용돈에서 영수증의 합계를 뺀 금액과 남은 금액을 비교한다.
⑥ 이 금액이 같으면 OK, 다르면 그 이유를 부모와 함께 확인한다.

※ 영수증이 발행되지 않는 버스, 군것질 등은 부모가 간이영수증을 발행한다.
※ 부모는 매일의 영수증 내용을 간섭하지 않는다. 단 일주일마다 함께 점검한다.

영수증 관리노트가 갖는 교육적 효과

- 기록과 관리에 대한 습관을 기를 수 있다.
- 용돈 사용 내용을 보다 시각화해 재미있게 용돈 관리를 할 수 있다.
- 경제는 쉽고 재미있다는 인식을 심어준다.
- 부모와 아이의 소통 매개로 활용할 수 있다.
- 믿고 맡기고, 정확히 근거를 남김으로써 부모와 자녀 사이에 신뢰와 라포Rapport를 형성한다.
- 영수증에 대한 개념을 심어주고, 세금과 서비스료 등에 대한 인식을 시작한다.
- 경제 전반의 호기심에 대한 시발점으로 작용할 수 있다.

※ 라포Rapport : 교육학, 심리학 용어. 마음이 서로 통하는 상태. 학생 교육이나 부모 상담을 위해서는 라포의 형성이 무엇보다 중요하다.

경제를 아는 아이는 다르다 - 1

소통하고 배려하는 예의바른 아이로 자란다.

경제교육을 받는 아이는 자기와 돈만 아는 이기적인 성품을 가질 것이라는 오해가 있다. 말 그대로 오해다. 돈에 대해 다소 보수적인 우리의 전통과 결부시켜 그런 선입견을 갖는 것 같다. 경제교육은 생활에 대한 교육이다. 보다 합리적인 선택을 하도록 교육하고, 돈과 일의 소중함을 알도록 하고, 더불어 사는 사회와 삶에 대해 알려주는 교육이 바로 경제교육이다.

경제는 우리가 살아가는 세상에 대한 배움이다. 우리가 살아가는 세상은 항상 누군가와 함께한다. 가족이 그렇고, 친구가 그렇고, 학교와 직장이 그렇다. 경제교육 또한 우리가 살아가는 세상에 대한 교육이기에 '함께'를 가르치는 것이 핵심 포인트 중 하나이다.

따라서 경제교육에서 가장 중시하는 것 중 하나가 '소통'이다. 경제라는 것이 혼자서 무엇인가를 하는 것이 아니라 타인과의 관계를 전제로 성립되는 것이기 때문에 한번쯤 생각을 해보면 쉽게 알 수 있다. 내가 이익을 만들어내거나, 협상을 하거나, 선택을 하거나, 생산을 하거나, 소비를 하거나, 일을 하거나 하는 모든 것들은 상대방 또는 사회가 있기 때문에 가능하다.

이러한 상황에서 경제에서 중시하는 부가가치나 이익 또는 자신에게 최선의 상황을 만들어내기 위해 가장 중요한 것은 무엇일까? 바로 소통과 배려다. Give and Take의 경제활동에서 상대방이 만족하지 않으면 이익도 없다. 어쩌다 한번의 이익은 있을 수 있어도 지속적인 이익, 즉 이익의 극대화는 있을 수 없다.

실제로 경제교육을 받으러 온 아이 가운데는 내성적이고 학교에 적응하지 못하고 남들과 잘 어울리지 못해 오히려 교육에 방해가 되는 아이도 많다. 그래서 처음에 부모들은 많은 걱정을 한다. 그러나 교육을 받는 과정에서 아이는 변한다. 이를테면 각자 물건을 파는 시간에 고개 푹 숙이고 구석에 독불장군처럼 서 있으면 아무도 그 아이의 물건은 사주지 않는다. 아니면 불량스럽게 껌을 씹으면서 "야, 이거 오백 원이니까 사"라고 한들 아무도 귀 기울이지 않는다.

그렇게 시간이 지나면 아이는 '왜 내 것은 사지 않지?', '어떻게 해야 손님이 오게 하지?' 등의 고민을 하기 시작한다. 그래서 태도를 가다듬고 미소를 띠며 친절하게 사람을 끄는 모습으로 변한다. 먼저 인사하고 상대의 질문에 친절하게 대답한다. 그러면서 대화를 나누며 다른 아이들과 친분도 쌓게 되는 것이다.

이런 과정을 경험한 아이는 그렇지 않은 아이에 비해 상대의 입장을 한 번 더 고려하게 된다. 아이들끼리 간식을 먹으러 가자고 할 때도 "난 그냥 떡볶이 먹으러 갈래. 시끄러"라고 하던 아이도 상대의 의견을 물으며 조율을 한다. "우리 뭐 먹으러 갈까?" 이것이 바로 비즈니스를 경험해본 아이의 변화다. 그래서 경제교육을 잘 받은 아이는 자연스럽게 소통 능력이 탁월해지고, 상대에 대한 배려가 깊다.

단언컨대, 경제교육을 잘 받은 아이는 이익에 밝고, 소통을 잘하지만 결코 이기적이지 않다. 오히려 경제교육을 제대로 받지 못한 아이가 자기만 알고 자기만을 위해 의사선택을 하며 결정을 내릴 가능성이 높다.

가족과 대화하며 신뢰를 배운다.

심리학자 존 가트맨 교수의 〈내 아이를 위한 사랑의 기술〉에 이러한 대목이 나온다. 저녁 식탁에서 아빠가 아이에게 물었다. "오늘 학교 재밌었니?" 아이가 신나게 대답한다. "네, 아주 좋았어요." "뭘 배웠는데?" "구구단 배웠어요." "그래? 아 참, 여보. 은행에서 집 융자 건으로 전화 안 왔어?" 아빠는 아이와 대화하다 말고 엄마에게 질문을 한다. 그때 아이가 말한다. "아빠, 제가 4단 외워 볼까요?" "그래, 나중에. 아빠 지금 엄마랑 이야기하잖니." 그나마 대화를 시도한다고 하는 아빠의 모습이 이 정도다. 그렇다면 우리집 식탁의 풍경은 어떠한가?

존 가트맨 교수는 아이의 활동에 적극적으로 개입하고 참여하는 아버지들이 아이의 행복에 많은 기여를 한다고 강조한다. 초등학교 3학년 아들을 가진 아버지들을 대상으로 조사한 바에 의하면 아이의 학업성취도를 확인한 결과, 무관심한 아버지를 둔 아이의 성적이 제일 나빴고, 아버지가 지속적으로 관심을 둔 아이의 성적이 제일 좋았다. 아버지가 집에는 있지만 아이에게 별다른 관심을 두지 않는 경우는 그 중간을 차지했다.

아이가 자랄수록 아빠는 아이와 대화할 시간도 줄어들고, 대화의 기술도 점점 잃어버린다. 어쩌다 시간을 내서 대화를 해보려 해도 서로 공감대를 형성하지 못하고 형식적인 대화만 나누게 된다. 그러다보니 어쩔 수 없이 메마른 가족관계가 된다. 이럴 때 해답이 없어 보일 것 같지만 결코 그렇지 않다.

부모 —특히 아버지— 와 자녀 관계를 복원시키는데 경제교육은 더없이 효과적이다. 경제교육을 받은 아이는 배운 지식을 친구에게 뽐내려 하고, 부모와도 소통하려 한다. 부모는 이미 경제활동을 하고 있는 주체이기 때문에 부모에게서 경제지식을 인정받고 싶어 하기 때문이다. 이러한 아이의 심리를 이용하면 자연스럽게 부모와의 대화가 이루어질 수 있다.

여기에 또 하나 경제교육이 중요하게 작용하는 것은 바로 '신뢰감'이다. 경제는 신뢰를 바탕으로 이루어진다. 내가 어떤 거래를 하는데 상대를 못 믿는다면 거래 자체가 이루어지지 않는다. 우리가 은행과 거래를 하는 이유는 그곳을 믿기 때문이며 어떤 일을 할 때 상대와 계약을 하는 것도 그를 믿기 때문이다. 어떤 상황이든 똑같다.

요즘 세상은 부모와 자식 간에도 신뢰가 엷어지고 있다. 부모가 아이를 못 믿고, 아이가 부모를 믿지 못하는 것이 오늘날의 가족이다. "이번에 1등 하면 선물 사줄게"라고 말하는 것 자체도 실은 믿음이 없기 때문에 나오는 말이다. 믿지 못해서 매사에 조건을 단다. "숙제 다 하면 과자 줄게"라는 식의 대화가 많아지는 것도 믿음 관계가 아닌 조건 관계로 부모와 자식 사이를 묶어둔다. 그래서 아이는 조건이 없으면 부모와 이야기할 필요가 없는 것이고, 조건을 걸지 않고 자신을 믿어줄 다른 무언가, 이를테면 애완동물이나 게임기에 마음을 의지하는 것이다.

신뢰는 대화에서 비롯된다. 부모와 자녀가 대화를 나누고 소통을 많이 하면 신뢰도 자연스럽게 형성된다. 서로의 대화에 조건이라는 벽이 있다면 그것을 넘을 수 있는 대화를 시도해야 하며, 이런 적극적인 소통이 두터운 애착관계를 형성시킨다. 그리고 세상을 보는 부모의 시각도 자연스럽게 아이에게 긍정적으로 전달이 된다. 더불어 아이의 생각을 읽을 기회가 많아진다. 이러한 변화를 주도하는 것이 바로 경제교육이다. 따라서 현대사회에서 사라져가는 가족의 신뢰와 대화를 되찾고자 한다면 지금 바로 자녀의 경제교육을 시작하라.

내 아이를 위한 3개의 통장

PART 3
내 아이를 위한 두 번째 통장

최고의 투자가치 영원한 안전자산 '금통장'

내 아이를 위한 두 번째 통장

금융계에서 많은 투자자들에게 안전하게 수익률을 높여주는 한 방법으로 권하는 것이 효율적인 포트폴리오의 구성이다. 이른바 분산투자를 통해 재테크에서 발생할 수 있는 위험성은 최소화하면서 이익은 최대화할 수 있는 투자방법을 말한다.

대통령의 의전 차량을 보면 이동할 때 똑같이 생긴 자동차들이 줄지어 이동한다. 도착해서 대통령이 내리기 전에는 어느 차량에 대통령이 타고 있는지 아무도 모른다. 또한 대기업의 핵심 임원들은 해외 출장을 갈 때 결코 같은 항공편을 이용하지 않는다. 이러한 일들은 위험을 분산시키는 효과를 위해서이다.

그러나 분산투자가 위험 분산이라는 측면만 강조되는 것은 잘못이다. 이익 극대화의 방편으로 바라보는 것이 더 발전적인 생각이다. 안전한 투자만 강조하면 이익이 적을 수밖에 없다. 긴 안목을 가지고 짧은 기간의 수익률에 일희일비—喜—悲하지 않는다면 더 큰 수익을 가져다주는 투자상품들을 발견할 수 있다.

여기에서 들려주는 아이를 부자로 만들어주는 경제 토대, 그 두 번째 통장도 긴 안목으로 바라보아야 한다. 금이라는 최고의 투자가치 상품을 통해 어떻게 부를 축적할 수 있는지 깨달을 수 있다.

 01
단순한 저축은 그만!
더 큰 꿈을 주자

우리 어릴 적에 부모가 누누이 하던 말이 있다.

"저축만이 살길이다!", "부자가 되려면 열심히 저축해야 해."

오로지 저축을 통해서만 부자가 된다고 여기던 시절이 있었다. 그도 그럴 것이 예전에 투자의 개념이란 적금통장에만 국한된 실정이었다. 더군다나 적금도 다양한 상품이 있었던 것도 아니어서 당연히 적금통장 하나를 만들면 그곳에만 집중적으로 저축하는 게 전부였다. 그렇게 여러 해를 허리띠 졸라매며 저축을 해도 결국 나중에 받는 것은 원금과 여기에 붙는 쥐꼬리만한 이자뿐이었다. 저축만이 살길이며, 부자가 될 수 있는 방법이라고 말은 하지만 사실 저축만으로 부자가 되는 것은 아니다.

만약 지금 우리네 부모처럼 자녀에게 저축만이 살길이라고 강조하

는 사람이 있다면 나는 "아이가 풍요롭게 살기를 바라지 않으시네요" 라고 말해준다. 물가는 상승하고, 통화가치는 하락하며, 금융시장이 다변화된 오늘날 단순한 저축은 부의 축적에 커다란 의미가 없기 때문이다. 오늘날은 재테크 시대이다. 물론 은행의 정기예금이나 적금에 돈을 맡겨도 자연스레 일부 재테크가 되기는 하지만 그것만으로 부자를 꿈꾼다는 것은 어불성설이다. 낮은 금리에 세금까지 제하면 기대한 만큼 목돈이 생기지 않는다.

요즘은 금융상품도 다양해진 만큼 선택의 폭도 넓어졌다. 그래서 많은 경제 전문가들도 수익성을 기대하려면 하나에 초점을 두지 말고 성격이 다른 다양한 상품에 분산투자할 것을 권한다. 분산투자가 수익적인 면에서도 장점을 가지고 있지만 '시간적 손해와 외부적 위험요소'를 줄이는데도 매우 유용하다.

시간적 손해와 외부적 위험요소라 함은 저축상품의 단점과 연관이 깊다. 대다수 적금상품들은 시간이 돈이 되는 상품들이다. 특히 복리 상품이라면 20년이 넘는 장기투자의 경우 1년의 이자 차이는 어마어마하다. 그래서 적금을 들 때는 장기간이라는 시간이 소요될 수밖에 없는데, 적금에만 너무 힘을 주다보면 그 기간 동안 다른 곳에 투자할 여유를 뺏길 수밖에 없다. 따라서 더 많은 수익 창출의 방해요소가 될 수 있다. 자연히 더 나은 조건을 누릴 수 없다는 시간적 손해를 가져오는 것이다.

이뿐만 아니라 급하게 돈이 필요한 시점에 융통성 있게 돈을 이용할 수 없는 것도 문제이다. 적금은 만기가 되어야 이자를 받는 상품인데 중도에 해약하면 수익률이 형편없는 경우가 있다. 그래서 이러한 비용에 사용될 수 있게 일부는 단기적 수익을 보면서 유동성을 확보할 수 있는 단기상품에 가입하고 비상자금으로 운용하는 게 필요하다. 요컨대 외부적 위험요소에 적절히 대응할 수 있도록 돈을 분산해서 투자하는 것이다.

더 큰 시각으로 분산투자의 틀을 형성하면 복리식 적금통장에만 아이의 경제적 토대를 기대지 말고 꾸준한 가치로 상승 효과를 노릴 수 있는 투자상품에도 눈을 돌려야 한다. 그래야 더욱 큰 경제적 이익을 누리면서 아이에게는 여러 방면의 앨리스 마법을 가르쳐 투자에 대한 안목과 기틀을 잡아줄 수 있다.

먼저 우리는 복리식 적금통장이라는 든든한 앨리스를 하나 얻었다. 복리식 적금통장이 안정적 효과를 기대하는 튼튼한 초석이 된다면, 여기에 수익을 극대화하는 2개의 통장을 보조바퀴로 달아 부자로 가는 길로 빠르게 달려가야 한다. 금통장과 주식통장이 바로 그러한 속도를 내게 하는 보조바퀴인 셈이다.

이 3개의 통장이 함께 맞물려 움직일 때의 힘은 다른 여러 개의 적금통장을 갖고 있는 것보다 우월하다. 여기에 투자의 가치를 이해하는 안목이 갖춰진다면 더 말할 나위 없다. 그렇다면 아이의 경제적 토대 마련을 위해 금통장과 주식통장은 어떤 역할을 하는가? 주식통장에 관해서는 차후 설명하고, 우선 우리에게 다소 생소한 금통장에 관한 궁금증부터 풀어보자.

02 '금'으로 저축을 할 수 있을까?

"아이의 돌 반지가 있는데 그걸로 금통장을 만들면 되나요?"

"꼭 금이 있어야 금통장을 만들 수 있나요? 돈 주고 금을 사면 그냥 저축과 뭐가 달라요?"

"금을 저금하면 보유액을 어떻게 확인하죠?"

간혹 금통장이 생소한 사람들은 위와 같은 질문을 많이 한다. 금통장이니까 반드시 금이 필요할 것이라 생각하기 때문이다. 게다가 '금'은 현금처럼 그 가치를 쉽게 가늠할 수 있는 것이 아니다. 그래서 금통장이 꼭 필요한 것인지, 유용가치가 있는 것인지에 대해 의문을 가진다.

사실 금통장은 많은 사람들의 생각과 달리 실질적인 금이 필요하지 않다. 물론 금이 수익률을 가늠하는 중요한 기준이기는 하지만 전

당포가 아닌 이상에야 은행에서 실제 금을 받아줄 리 만무하다. 그러므로 은행에서 말하는 금통장은 진짜 금을 넣는 것이 아니라 일반 통장과 같이 현금으로 돈을 납입하는 것이다.

금통장이란, 통장에 현금이 아닌 금의 무게(단위 g)가 찍히는 상품이다. 통장에 돈을 저금하듯이 금을 쌓아둔다고 생각하면 된다. 그런데 어떻게 통장에 금의 무게가 찍힐까? 그것은 통장에 현금(원화)을 불입하면 그날 금 시세에 해당하는 만큼의 금이 자동적으로 통장에 적립되어 표시된다. 최종 액수는 '금 시세×보유량'이라고 생각하면 된다. 또한 금은 주로 달러로 거래되기 때문에 환율이 올라가면 추가적인 효과가 발생한다.

따라서 금통장을 만들기 가장 적당한 때는 장기적으로 금값은 올라갈 것 같고, 현재 환율은 많이 떨어진 시기에 투자하면 좋다. 물론 이 2개의 방향성을 동시에 맞추기란 어려운 일이지만 향후 금값에 변동이 있다 해도 통장에 찍힌 금의 양은 달라지지 않으니 통장 운용을 따로 걱정할 필요는 없다. 즉, 금값은 오를 수도 내릴 수도 있지만 이에 관계없이 통장에는 항상 금이 들어 있는 셈이니 거시적인 안목을 갖고 기대하면 된다.

이렇게 들어 있는 금은 시장가치에 따라 가격이 변동되는데 상승하면 그만큼 현금으로 환산한 평가금액이 늘어난다. 때문에 처음 입금한 금액의 몇 배의 수익률을 올릴 수 있다는 게 장점이다. 더군다나 이러한 금통장은 소액으로도 투자할 수 있고 인터넷뱅킹을 하듯이 자유롭게 입출금할 수 있다는 점도 매혹적이다.

최근까지만 해도 금통장은 금을 실물로 찾지 않는 한 관련 규정이 모호해 부가세를 낼 필요가 전혀 없었다. 이자소득세도 없고 금융소득종합과세 대상도 아니어서 고소득층에 특히 인기가 높았고, 수익 목적의 개인투자자에게도 각광을 받았다. 하지만 2010년 11월부터 정부는 금통장도 배당소득의 범위에 해당한다는 결정을 내리고 소득세 15.4%(원천징수세율 14%+지방소득세 1.4%)를 부가하기로 결정했다. 소규모 개인투자자에게는 조금 아쉬운 감이 있지만 그만큼 금통장의 존재 가치가 확대되고 있는 것만은 확실하다.

물론 금값의 등락 여하에 따라 여전히 투자의 위험성은 존재한다. 하지만 대안투자의 목적으로, 그리고 새로운 금융세계의 시각을 보여주기 위한 경제교육의 목적으로, 아이를 부자로 만들기 위해 금은 상당히 매력적이다.

▶ **자녀와 함께 금통장 만들기**

1단계 : 아이와 함께 우리 동네의 은행 위치를 확인한다.
2단계 : 은행 중 금통장을 판매하는 은행이 어떤 곳인지 인터넷을 통해 아이와 확인한다.
3단계 : 가족이 등재된 주민등록등본, 아이 도장, 부모 신분증을 준비한다.
4단계 : 2단계에서 파악한 제일 가까운 은행에 아이와 함께 방문한다.
5단계 : 번호표를 뽑고 신규통장 개설 코너에서 기다린다.
6단계 : "내 아이 부자 만들기 골드통장 만들어주세요"라고 말한다.

7단계 : 환율로부터 안전한 '환 헤지 상품'을 신청한다.

8단계 : 금통장을 만들어 집으로 돌아온다.

★ 금의 투자가치에 주목하는 배경

금의 시장가치를 따지려면 먼저 화폐 발달 과정으로 거슬러 올라가 되짚어볼 필요가 있다. 예전 물물교환을 하던 시대에는 서로 동등한 교환이 제대로 이루어지지 않았다. 게다가 반드시 해당 물건을 지참해야 하는 불편이 있었기 때문에 그리 실용적인 방법이 아니었다. 그래서 이러한 불편을 해소하기 위해 고안한 것이 기준가치를 만드는 것이었다.

처음 기준가치로 삼은 것은 조개나 쌀 등이었다. 하지만 조개나 쌀은 깨지거나 변질되기 쉬운 단점이 있어 영속성과 편리성을 갖춘 물건을 생각해냈다. 그것이 바로 금, 은, 구리 등과 같은 금속성 물질이었다. 이후 사람들은 금괴나 은괴, 구리덩어리와 같은 실물자산을 이용해 경제활동을 했는데, 이것 역시 작은 단위로 나눌 수 없는 불편이 있어 새로운 대안으로 실물자산의 가치평가를 매겨 대체할 수 있는 매개체를 만들기에 이르렀다.

1870년 세계 각국은 '금본위제도'를 두어 금을 기준으로 가치를 평가하기 시작했다. 그리하여 금은 개인자산으로서 가장 중요한 기준으로 자리매김해 왔으며 사람들에게 많은 인기를 누렸다. 하지만

매번 금을 들고 다니며 물건을 살 수 없었기에 은행에 금을 맡겨두고, 맡긴 금의 가치에 대해 적혀 있는 매개체(영수증)를 받아 물건을 살 수 있게끔 했다. 그리고 그 매개체를 받은 사람은 다시 은행으로 가 금으로 바꿀 수 있었다. 이 매개체가 바로 화폐였다. 이처럼 초기 돈이라는 것은 금이라는 실물자산의 가치를 나타내는 일종의 영수증이었던 셈이다. 금을 중심으로 보다 구체적인 금전적 개념이 형성된 것은 세계 열강이 브레튼우즈체제를 채택한 이후부터였다.

1944년 미국의 브레튼우즈라는 마을의 한 호텔에서 역사적으로 중요한 합의가 시작됐다. 세계 정상들이 모인 이 자리에서 미국은 막강한 지위를 이용해 금을 바꿀 수 있는 유일한 화폐로 미국의 달러만 한정한다는 합의를 이끌어냈다. 이를 브레튼우즈체제라고 한다. 우리에게는 아픈 기억으로 남아 있는 IMF(국제통화기금)도 이러한 달러화 기조를 유지 관리하기 위해 창설되었다. 이러한 협의를 통해 각국은 금을 보유하고 있는 양만큼만 돈을 찍어낼 수 있었다. 금을 기준으로 한 브레튼우즈체제는 30년 가까이 세계경제 질서를 유지해왔다.

그러나 베트남전쟁과 국제수지 적자 등으로 막대한 돈이 필요한 미국은 더 이상 돈을 찍어낼 수 있는 금이 없다는 사실에 낙담했다. 그리하여 닉슨 대통령은 1971년에 금태환제도의 폐지를 선언한다. 이후 금과 달러는 서로 제 길을 가게 되었고, 미국은 금을 기준으로 삼지 않고도 달러를 마음껏 찍어낼 수 있게 되었다. 이후 미국 정부에서는 군수물자 조달을 위해 필요한 양만큼 돈을 마구 찍어냈다. 그러지 지연스럽게 돈이 너무 많이 유통되었고, 그로 인해 달러 가치는 곤두박질치기 시작했다. 이렇게 화폐의 가치가 떨어지면서 상대적으로 주목 받게 된 것이 바로 금이다.

실제로 금의 가치가 없는 달러는 그 위상이 하락하였다. 결과적으로 달러와 금의 이별이 금값을 무섭게 치솟도록 만든 배경이 된 것이다.

03
경제침체기에 더 빛나는 앨리스 '금통장'

요즘처럼 화폐가치가 점점 쇠퇴해가는 상황에서 금을 보유하고 있다는 것은 여러모로 유리하다. 금은 금 자체의 고유 가치가 있기 때문에 경제 불황이나 인플레이션에서도 상당히 안전한 우량자산으로 인정받는다.

한 조사기관에 따르면 2009년을 기준으로 연간 금 공급량은 3,890톤이다. 그중 신규로 채광되는 금이 59%, 재활용되는 금이 40%를 차지하는데, 연간 2,400톤가량 되는 금 생산량은 해마다 급증하는 수요에 비하면 터무니없이 부족하다. 뉴욕의 코멕스COMEX로 대표되는 금 선물시장의 1일거래량만 해도 340톤이 넘으며, 단 10일의 선물시장 거래가 전세계 연간 실물 금 공급량과 맞먹는다. 그 결과 당연히 금 가격은 지금보다 훨씬 더 높은 수준으로 오른다고 볼 수 있다.

표 1 30년간 국제 금 가격 변동 현황

출처: www.kitco.com

　물론 금의 가치도 한결같지 않은 것은 사실이다. 오를 때도 있고 내릴 때도 있다. 하지만 금이 채굴될수록 줄어드는 금 공급량을 생각한다면 금이 갖는 가치는 절대적이다. 휴지조각이 될 수도 있는 주식, 채권과 달리 한정된 교환가치 및 산업 용도로도 가치를 갖는 안전자산이기 때문이다. 역사적으로도 경제 규모가 확대되고 더욱 많은 화폐가 유통되면서 금 가치는 급격하게 상승해왔다. 특히 세계경제가 침체를 겪어 화폐를 많이 찍어야만 했던 시기에는 그 가치가 더욱더 빛이 난다. 비단 요즘의 일만은 아니라는 얘기다.

　위와 같은 이유에서 금은 최근 30여년(표 1) 동안 10배가 넘는 가치 상승을 해왔다. 멀리 볼 것도 없이 [표 2]의 최근 3년의 자료를 보더라도 금 가격은 연신 최고가를 경신하며 상승하고 있다. 상품투자의

표 2 2007~2010년 국제 금 가격 추이   단위: 달러(온스당)

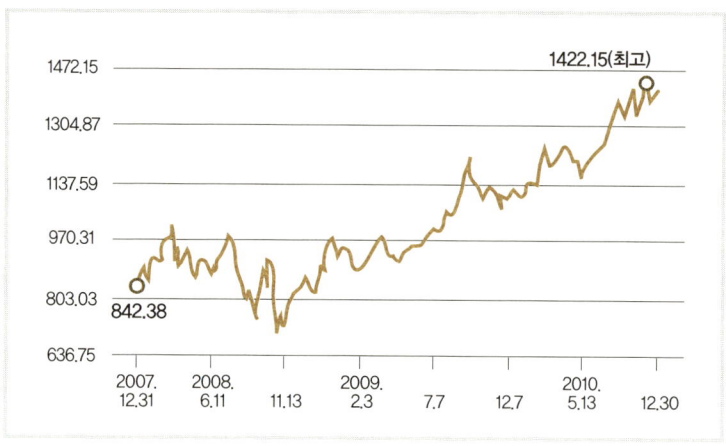

 귀재로 불리는 로저스홀딩스의 회장 짐 로저스는 향후 금값이 2,000달러를 돌파할 것으로 예상하며, 극단적인 강세론자들은 5,000달러 전망도 내놓은 상황이다. 경제위기와 불안이 지속될수록 금의 가치는 맹위를 떨친다는 의미이다. 그러니 금을 단순하게 악세서리로만 바라보는 것은 잘못이다. 아이의 장래를 위해 투자할 가치가 충분히 있는 상품이다.

 다만 잊지 말아야 할 점은 금 역시 투자이기 때문에 손실이 날 수도 있다는 점이다. 표를 보더라도 전체적으로 가격이 올랐지만 자세히 보면 매년 오름과 내림을 반복한다. 모든 투자가 그렇듯 금도 위험이 따른다는 것을 염두에 두어야 한다.

 그렇다고 지레 겁먹지는 말자. 리스크가 높으면 수익이 날 가능성도 높고, 위험이 낮으면 수익이 날 가능성도 그만큼 낮아진다. 금통장은 우리가 의지할 3개의 통장 중에 설사 수익이 적어질 때가 있더라도 금 자체의 효력을 상실하는 것은 아니다. 더군다나 주식처럼 상황을 살피며 갈아탈 필요도 없다. 금 시세의 변동 가능성에 대해 인지만 한다면 오히려 아이의 경제적 뒷받침을 탄탄히 하는데 쓸모가 크다.

★ 금통장을 활용한 경제교육 방법

금 가격에 영향을 미치는 요소들은 어떤 것이 있을까? 이를 알아야 금통장을 통해 경제와 국제정세의 상관성을 설명하는 교육 자료로 활용할 수 있다.

첫 번째, 금은 인플레이션에 민감하게 반응한다. 2008년 금융위기가 전세계를 강타했을 때 미국을 포함한 각국 정부는 나라의 경제를 살리기 위해 많은 사업을 벌였다. 그러나 사업을 수행할 돈이 없었기 때문에 돈을 많이 찍어내야 했고, 은행 금리를 낮춰 은행보다는 경제활동에 돈이 많이 돌게 했다. 이렇게 시장에 많은 돈이 풀렸으니 돈의 가치가 낮아져 물가를 상승시키는 원인이 되었다.

두 번째, 금은 달러의 가치에 영향을 받는다. 1971년 이전에는 국제적으로 금을 교환할 수 있는 유일한 화폐였으나 앞서 설명했듯, 1971년 이후 금과 달러는 각자의 길을 갔다. 그런 이후 많은 투자자들은 달러와 금을 대체투자 수단으로 보게 되었다. 즉, 달러 가치가 귀해질 것 같으면 달러를 보유하고 달러 가치가 약해질 것 같으면 달러 대신 금을 보유하는 것이다.

세 번째, 이자율이 낮아지면 금을 선호한다. 은행에 돈을 넣어두어도 물가상승률만큼의 이자를 받을 수 없다면 사람들은 실물가치를 가지고 있는 금을 투자용으로 구입하게 된다. 금은 실물이 있기 때문에 최소한 물가상승률만큼의 투자 수익은 있다고 생각하기 때문이다.

네 번째, 금은 산업과 경제성장에 영향을 받는다. 경제가 활성화되고, 특히 IT 산업 등이 발전하면 금의 수요가 많아진다. 우리가 쓰는 전자, 통신제품 등에서 금 수요가 늘어나기 때문에 가치가 높아지는 것이다. 요즈음에는 중국과 인도의 경제가 발전하면서 금을 보유하려는 부자들이 많이 구입을 한다. 중국과 인도는 전통적으로 금을 좋아하는 풍조가 있어 여유가 되면 누구나 금을 소유하려고 한다. 중국

내 아이를 위한 3개의 통장 TIPS
내 아이를 위한 경제놀이 1

아이와 함께 우리 생활에 숨어 있는 금 찾기 놀이를 해보자. 금은 일상 곳곳에 들어와 있다. 단지 눈에 보이지 않을 뿐이다. 숨어 있는 금을 찾아보자.

- 전자제품(기판), 통신제품(회로), 전자오락기기(회로)
- 이빨(금니)
- 금반지, 목걸이, 귀걸이, 액세서리
- 시계의 금도금, 아이 돌 반지
- 고급스러운 음식 및 화장품

등등 많이 숨어 있다.

과 인도 경제가 좋아질수록 금 가치는 더욱 상승할 것이다.

마지막으로 전쟁과 정치의 불안정이다. 전쟁이 나거나 정치가 불안정해지면 사람들은 돈보다는 가치 수단으로서 금을 선호한다. 독일이 전쟁에 패한 후 극심한 인플레이션이 닥치자 아이가 돈다발을 가지고 블록쌓기 놀이를 한다거나, 물건을 사기 위해 수레에 돈을 가득 싣고 가면 돈은 버리고 수레만 훔쳐갔다는 이야기는 아주 유명하다. 이는 전쟁 시기에 돈의 가치를 잘 설명해주는 에피소드이다. 하지만 금은 전세계적으로 위상이 떨어지지 않는 한 결코 가치가 내려가지 않는다.

아이에게 금통장을 만들어주는 것 자체보다 이를 통해 아이가 미래에 경제 환경을 스스로 개척할 수 있도록 힘과 안목을 길러주는 교육적인 측면이 더 중요하다. 이를 위해 금통장을 개설하면서 아래의 체크리스트를 만들어 아이와 함께 기록하고 확인하는 것이 필요하다. 이 과정에서 아이는 국내외의 경제 환경을 '투자'와 '선택'의 시

◎ 금의 투자 체크리스트 (1주일에 한 번씩 아이와 함께 체크해보자)

구 분	1주	2주	3주	4주
주요 국제 뉴스				
주요 국내 뉴스				
인플레이션				
달러가치				
이자율				
경제발전				
사회·정치 상황				

- '주요 국제뉴스'와 '주요 국내뉴스'는 대표적인 것을 1개씩 기록한다.
- 나머지 항목들은 금의 투자에 유리하면 O, 불리하면 X, 잘 모르겠으면 △를 표기한다.

> **내 아이를 위한 3개의 통장 TIPS**
> **내 아이를 위한 경제놀이 2**
>
> ❶ 세계지도를 출력해 금을 생산하는 주요 광산과 나라를 찾아 붉은 색연필로 표시를 한다.
> ❷ 1년에 얼마만큼의 금이 생산되는지 표기한다.
> ❸ 금의 주요 소비국이 어느 나라인지 파란색 펜으로 표시를 한다.
> – 인터넷에서 자료를 쉽게 구할 수 있다.

각에서 바라볼 수 있는 안목을 자연스럽게 키워나간다.

1주일에 한 번씩 '금의 투자 체크리스트'를 아이와 기록해가면서 금에 대한 투자결정을 내릴 때 활용하면 많은 도움이 된다. 6개월 정도가 지나면 아이의 지식과 감각은 놀랄 만큼 발전한다. 부모는 옆에서 아이가 선택하고 표기하는 것을 도와주기만 하면 된다. 깊게 관여하지 않아도 된다.

처음에는 아이뿐 아니라 부모조차도 정확한 판단을 내릴 수 없는 경우가 많다. 하지만 이러한 훈련 자체가 경제지식을 높이고, 세상을 살아가는 데 있어 남들과 다른 발전적이고 비판적 시각을 제공해준다. 이는 부모도 마찬가지이다. 그러므로 인내를 가지고 적극적으로 지도해야 한다.

04

은행에 자녀를 데려가야 하는 이유

호기심이 왕성한 아이는 어디에를 가든 얌전히 있지 못한다. 이것저것 만져보고 참견하고 어지르면서 산만하게 움직인다. 부모에게 이러한 아이의 행동은 단순히 장난으로 밖에 여겨지지 않는다. 그러나 아이는 이처럼 직접 체험하는 과정을 통해 학습을 해나간다. 아이에게서 학습은 머리로만 이해하는 것이 아니라 몸으로 부딪히며 스스로 깨달아가는 과정이기 때문이다.

은행이야말로 살아있는 경제교육을 하기에 최적의 장소이다. 은행처럼 거래의 흐름을 명확히 짚어볼 수 있는 곳도 없기 때문이다. 따로 시간을 내 부루마블과 같은 놀이를 할 필요가 있겠는가. 그냥 아이와 함께 은행거래를 하다보면 아이는 놀이처럼 경제활동을 익히게 된다. 하지만 종종 은행에서 볼 수 있는 풍경은 자녀와 함께 온 어

머니들이 아이를 꼼짝 못하게 묶어두는 모습이다.

"엄마 일 볼 동안 여기 조용히 앉아서 기다려"

"넌 몰라도 돼!"

"은행 언니 일하는 데 방해하지 마!"

자녀를 은행에 데려오기는 하지만 부모 자신의 일만 볼 뿐이다. 어린이 경제교육을 하는 나로서는 안타깝기 그지없다. 아이가 현장학습을 할 수 있는 좋은 기회를 막으니 말이다. 귀동냥이라도 하면 좋을 텐데 그조차 마음대로 못하니 아이로서는 은행이 갑갑하고 지루할 따름이다. 그래서 아이는 은행을 병원처럼 빨리 벗어나고 싶은 장소로 인식해버린다. 이러한 경험들이 반복되면 당연히 은행에 대한 거부감이 들고 은행에 관련된 모든 활동을 어렵게 느낀다.

물론 부모가 은행에 가는 이유는 일을 보기 위해서이다. 밖에 나온 김에 잠깐 돈을 찾는다거나 대출 업무를 보거나 세금을 낸다든가 하는 일 등이다. 대부분 짧은 시간이기에 아이에게 교육을 시킬 만한 시간이 없다.

하지만 그 짧은 시간이라도 아이는 머문 자리에 대해 머릿속으로 그림을 그린다. "이곳은 이렇게 생겼네. 이런 사람들이 오네. 이러한 일들이 일어나네" 등과 같은 이미지를 머릿속에 그린다. 그래서 짧은 순간일지라도 오래도록 기억으로 남는 법이다.

따라서 아이가 은행을 딱딱하고 불편한 곳으로 여기게 해서는 안 된다. 경제활동의 주요 장소인 은행을 빼놓고 어찌 경제교육을 시키겠는가! 부자 되는 교육을 하고자 하면서 은행을 멀리하게 만들어서야 되겠는가! 이제부터라도 아이가 은행에 흥미를 잃지 않도록 주의를 기울여야 한다.

★ 은행 안에는 어떤 것들이 있을까?

아이를 은행과 친해지게 하기 위해서는 은행이 어떤 곳인지 먼저 설명해야 한다. 집에서 경제 개념에 대해 설명하면서 저축과 이자, 은행의 역할을 가르쳐주자. 그런 후에 아이에게 은행에 대한 이미지를 그려보게 하자.

"은행 안에는 무엇이 있을까?"

질문과 동시에 아이는 그동안 경험했던 은행 안의 풍경을 떠올린다. 다양한 답변들을 들으면 평소 아이가 느꼈던 은행에 대한 생각이 어떠한지도 알아볼 수 있다. 이때 부모는 아이가 이해하기 쉽도록 눈높이에 맞춰 은행 안의 것들을 설명한다. ATM 기기, 머리 위에서 띵동 소리를 내는 숫자판, 창구 안쪽에 있는 은행원들, 따로 상담을 하는 사람들 등등 도화지에 그림을 그리듯 공간을 구분하며 각각의 은행 업무에 대해 간단히 일러준다.

그렇게 대략적인 은행을 그려본 후 이제 직접 은행에 가서 확인할 차례이다. 아이에게는 이 순간이 가장 흥미로운 시간이다. 한번 머릿속으로 그려봤기 때문에 직접 은행에 갔을 때 보이는 풍경은 이전과 사뭇 다르게 전달된다. 은행이 익숙하고 친근하게 다가오면서 전에 보이지 않던 은행의 구석구석을 발견한다. 그러면 부모는 간단히 설명해주었던 일들을 더 구체적으로 전달해주면서 아이가 지속적으로 호기심을 가질 수 있도록 새로운 공간에 눈을 돌리게 유도한다.

"저기 VIP라고 쓰여 있는 방도 있어."

"저쪽은 환전하려고 모인 사람들이고, 여기는 대출을 상담 받는 곳이야."

이처럼 아이에게 낯선 단어라도 은행 용어를 사용해 설명하고, 일의 성격에 따라 여러 공간으로 나누어 업무를 본다는 것을 익히게 한다. 그러면 아이는 그것이 어떤 일인지를 묻게 되고 은행이 단지 저축만 하러 오는 곳이 아니라는 사실을 배운다. 은행원 역시 돈만 받는 사람이 아니라 여러 일을 처리한다는 사실을 배우면서 직업에 대한 사고력도 넓어진다.

만약 아이가 금통장을 거래한다면 신문이나 인터넷을 통해서만 금과 환율의 변동을 알려주지 말고 직접 은행에서 확인해가며 설명하면 생동감 있고 입체적으로 시장경제를 이해할 수 있다. 이것이 바로 체험학습의 장점이며 살아있는 교육이다.

★ 은행의 다양한 상품들에 대해 일깨워주자

"은행도 슈퍼처럼 물건을 판다."

경제교육 강의 중에 이러한 얘기를 하면 아이들은 웃어넘긴다. "거

짓말! 은행에 가봤는데 아무것도 없어요." 내가 마치 자기를 바보 취급 한다고 생각했는지 강하게 부정하는 아이도 있다. 그러면 나는 은행의 여러 상품이 찍혀 있는 브로슈어를 보이며 은행에서 파는 상품들에 대해 일러준다. 슈퍼마켓과 같이 만질 수 있는 상품은 아니지만 오직 은행에서만 팔 수 있는 상품들! 금융상품에 대해 설명하면 아이들은 눈을 반짝이며 호기심을 갖는다. 게다가 금융상품들은 어른만이 아닌 아이도 가입할 수 있다는 사실을 알면 여기저기서 자기도 갖겠다고 난리가 난다.

이렇게 아이는 금융상품에 참여할 수 있다는 것을 새롭게 깨닫는 순간부터 경제활동에 지대한 관심을 갖는다. 저축에 대한 개념이 없던 아이도 금융상품을 통해 절약을 배워가고 절제를 실천하는 사례도 여럿 보았다. 이처럼 금융상품은 아이에게 저축을 유도하는 수단으로 충분한 동기부여를 한다. 그러므로 은행의 다양한 금융상품들에 대해 알려주는 것은 경제교육에서 매우 중요한 사항이다.

혹시 은행에 어떤 금융상품들이 있는지 정확히 알고 있는가?

사실 부모들조차 금융상품에 관심이 없긴 마찬가지이다. 주변에서 주워들은 풍문으로 다짜고짜 "이걸로 만들어주세요" 하고 요구하는 사람들도 있다. 많은 사람들이 오가는 곳이라 혼자 이것저것 캐묻는 걸 미안해 한다면 이는 잘못된 자세이다. 자신의 소중한 돈이 투자되는 곳인데 섣불리 결정해서는 안 된다. 조금은 권위적인 느낌의 직원이 있더라도 은행이 상품을 파는 서비스업의 일종이라는 점을 염두에 두고 꼼꼼히 따지며 질문하는 깍쟁이 기질을 보여야 한다. 그래야 아이도 부모의 모습을 따라 합리적으로 선택하는 방법을 배운다.

"어떤 경우든 부모의 태도가 아이에게 가장 효과적인 교사 역할을 한다"는 철학자 아미엘의 말처럼 아이에게 좋은 습관을 만들어주는 최고의 방법은 부모가 먼저 그러한 습관을 갖는 것이다. 따라서 아이에게 금융상품을 알게 하려면 부모도 금융상품에 관심을 가져야 한다.

"은행은 금융상품을 파는 곳이야. 금융상품은 보이지 않지만 통장에 글씨로 찍혀 있어. 통장 겉에 보면 제목들이 다 다르잖아. 그것 하나하나가 다 상품이야."

그렇게 은행 상품을 배웠으면 아이가 직접 통장을 개설하게 하자. 물론 우리는 이미 복리식 적금통장과 금통장이라는 2개의 마법통장을 골랐다. 아이가 이 두 상품에 궁금한 사항을 물을 수 있도록 시간적인 배려를 해주자. 아이가 직원으로부터 각 통장의 운용방법과 기간에 따른 금리 변화 등 궁금해 하는 모든 것을 들을 수 있는 시간을 주자는 것이다. 그러면 아이는 통장에 대한 책임감과 더불어 자신이 한 개인으로서 존중받고 있다는 것을 동시에 느끼게 된다.

아이는 이제 은행에 대해 관심을 가지게 되었고, 나의 필요를 정확히 판별하여 선택할 수 있는 능력을 기르게 되었다. 이것은 현재의 아이에게도 중요하지만 성인이 되어 자립하고 경제활동을 할 때 더 큰 힘을 발휘한다.

05
성취감을 느낄 수 있는 기회

아이는 과자를 사먹거나 장난감을 사면서 그 돈이 무한정 생겨나는 것이라고 생각한다. 어떤 아이는 심지어 물건을 사면서도 돈과 연결시키지 못한다. 신용카드기 생활화되면서 부모가 카드로 계산하는 모습을 보기 때문에 엄마가 "돈이 없다"고 하면 "카드로 사면 되잖아"라고 말한다. 이는 돈의 진정한 의미를 알지 못하고 돈을 가볍게 생각하는 요즘 아이들의 가치관을 반영하는 것이다.

돈의 소중함을 모르면 부자가 될 수 없다. 부자란 이익을 최우선으로 생각하는 것이 아니라 그 가치에 대해 헤아리는 사람이다. 아이에게 올바른 부자 마인드를 심어주기 위해서는 돈이 어떻게 쓰이고 있는지 생활 속에서 상기시켜 줘야 한다. 우리가 식사를 하는 경우 재료비가 들고, 전기와 가스, 수도세가 지불되며, 요리를 하는 도구들과

음식을 담는 그릇도 모두 돈이 아니면 살 수 없다. 낡거나 파손된 것이 있으면 수리하거나 새로 사야 하는데도 돈이 들고, 심지어 쓰레기를 버릴 때조차 돈이 들어간다. 어디 그뿐이랴! 아이에게 입히고 가르치는 모든 것, 아플 때의 치료도 돈이 필요하다. 돈이 들지 않으면 생활할 수 없다는 점을 이해시켜야 한다.

"엄마, 집에서 먹는 게 비용이 많이 드니 오늘은 외식해요."

만약 내 아이가 이렇게 얘기한다면 어떻게 하겠는가? 각자 대답의 방법이 다르겠지만 나는 식당에서 한 끼 사먹는데 숨어 있는 비용에 대해 말해준다. 예를 들어 피자집에서 피자 한 판을 먹었다고 치자. 아이는 그저 계산한 음식값만 생각할 것이다. 그러나 그 비용에 얼마나 많은 부가적인 요소가 포함되어 있는지 생각하게 하는 것이다. 음식재료비, 그릇, 조리도구, 수도, 전기, 가스비는 물론 요리사와 종업원의 노동비, 매장의 인테리어와 임대료, 종업원의 유니폼 비용까지… 매장 내 모든 것에 돈이 들어갔음을 넓게 사고하도록 해준다.

이밖에도 우리 일상에는 많은 사람들의 노동력과 운송비가 지출되고 있다. 제품 하나하나 파헤쳐가다 보면 거기에는 수많은 경제 조각들이 숨어 있다는 사실을 깨닫는다. 그리고 이 모든 생활을 영위할 수 있도록 해준 부모에게 감사를 느낀다. 또한 돈을 번다는 것이 어떤 의미인지 생각할 수 있는 시간도 갖는다. 회사, 식당, 공장, 학교 그리고 가정, 이 밖의 여러 곳에서 경제활동을 하고 있는 구성원들을 속속들이 눈여겨볼 수 있는 기회도 된다.

이 좋은 기회를 이용해 아이에게 '돈 벌기' 체험을 시켜보는 것은 어떨까? 돈의 필요성을 절감할 때가 돈을 벌고 싶다는 욕구를 강하게 촉발시키는 계기가 된다. 아이는 이미 용돈을 받고 있으나 용돈에만 고정되어 있으면 노동에 대한 의욕은 발전하지 않는다. 그러므로 제 나이에 맞는 아이만의 돈 벌기 체험을 시켜보자.

★ 돈보다 성취감에 몰두하게 하자

아이를 위한 돈 벌기 체험은 어떻게 진행할까? 아이가 뭔가 원하는 것이 생길 때는 부모가 그냥 무턱대고 사주기보다는 성취감을 느낄 수 있도록 만든다. 가령, 아이가 자전거를 갖고 싶어 한다. 자전거의 가격은 20만원. 아무리 구두쇠처럼 용돈을 아껴도 아이 혼자 모으기 힘든 금액이다. 이럴 때 부모는 어떻게 하면 좋을까?

절대로 부모의 돈을 전부 들여 자전거를 사줘서는 안 된다. 부모가 20만원을 전부 들여 자전거를 사주면 아이는 금세 싫증을 느낀다. 그저 갖고 싶은 욕구만 있었을 뿐 스스로 가치를 부여한 것이 아니기 때문이다. 아이가 스스로 갖고 싶은 것(목표)을 향해 노력할 여지를 주어야 의미가 부여되는 것이다.

그런데 간혹 아이에게 노력할 여지를 준다고 '시험'이라는 것에 조건을 붙이는 부모가 많다. "시험 잘 보면 사줄게" 또는 "자전거 사줬으니까 시험 잘 봐야해"와 같이 아이가 당연히 해야 할 일을 조건으로 내세운다. 이것은 결코 좋은 목표가 아니다. 앞서 말했듯이 노동의 대가보다는 오히려 작은 행동에도 보상을 요구하는 물질 만능을 배우기 쉽다.

아이가 비용의 일부를 부담하도록 참여시켜야 한다. 적절한 타협선은 50%이다. 즉 아이가 반을 내고 나머지 50%는 부모가 지원해준다. 물론 그렇다고 해서 아이가 자신은 늘 반만 준비하면 부모가 당연히 나머지는 채워줄 것이라는 기대를 갖게 해서는 안 된다. 아이가 원하는 것을 스스로 성취할 수 있게 독려하며 도움을 주는 것이 부모의 몫이다. 그러면 아이도 자기 나름의 계획을 세우고 저축에 대한 목표를 위해 노력해간다. 그렇게 아이가 50%의 금액을 모으면, 그에 대한 보상으로 부모가 나머지를 지원해줘 결과물을 얻을 수 있게 하는 것이다. 그러면 절약과 절제를 통해 얻은 자전거는 '나의 것'이란 강한 애착을 가지게 하고 동시에 성취감을 느끼게 한다.

이밖에 실질적인 노동을 통해 돈을 벌게 하는 것도 성취감을 느끼게 하는 아주 훌륭한 학습이다. 그러나 초등학생 수준에서 돈을 벌 수 있는 방법은 흔치 않으므로 홈 아르바이트 방식을 제안하는 것이 좋다. 흔히 '심부름 값'으로 어른이 아이에게 일을 시키고 돈을 주는 방식이다. 그러나 심부름 값과 아르바이트 비용은 어감부터 큰 차이가 있으니 되도록 아이를 존중해주어 아르바이트라고 분명히 명시해야 효과가 크다. 심부름은 어른이 주체가 되어 시키는 것이고, 아르바이트는 아이가 주체가 되어 일을 하는 것이기 때문이다.

홈 아르바이트로 할 수 있는 항목들은 부모와 아이가 함께 결정하

면 좋다. 구두 닦기, 설거지하기, 청소 돕기, 화분에 물주기, 심부름 하기 등등 다양한 항목들이 나온다. 이렇게 항목들을 정할 때 주의해야 할 점은 반드시 집안에 필요한 일을 맡겨야 한다는 것이다. 요컨대 부모의 일손을 덜 수 있는 것들이어야 한다. 형식적으로 아이에게 일을 주고 부모가 다시 하면 안 된다. 정말 돈을 지불할 가치가 있는 일을 찾아 맡겨야 한다. 그리고 당연히 해야 할 일은 아르바이트 항목에 추가해서는 안 된다. 즉, 동생 돌보기나 자기 방 청소하기, 독서하기 등과 같은 것을 말한다. 또한 사전에 부모와 아이가 아르바이트 방법, 기간, 보상에 대해 협의하고 이를 철저히 지키도록 한다. 아이가 돈이 필요할 때만 홈 아르바이트에 나서게 해서는 안된다.

이렇게 홈 아르바이트 항목을 정했다면 거기에 가격을 매긴다. 가격을 책정할 때는 '협상'이라는 방법이 적용될 수 있다. 심부름 값을 주듯 부모가 일방적으로 정해서 주지 말고 아이에게 협상의 여지를 주며 가격을 정하도록 하는 것이다. 진짜 아르바이트 학생을 고용하듯 철저하게 시간과 기간까지 정해 약속을 지키게 하는 것이 좋다. 아니면 아이가 홈 아르바이트 쿠폰을 만들어 부모에게 판매하는 방법을 택해도 된다. 이때는 부모가 협상을 유도할 수 있다.

홈 아르바이트 이외에 돈을 벌 수 있는 또 다른 방법으로는 '미니 벼룩시장'을 들 수 있다. 먼저 이웃 주부들이나 친구, 친지 등 5~6명이 의기투합해 자녀들을 위해 시장을 만들어주는 것이다. 아무래도 시장은 북적해야 맛이기에 여러 명의 아이를 모으면 모을수록 좋다. 날짜와 장소를 정한 다음, 각자 가정에서 사용하지 않는 물건들을 모아 벼룩시장을 연다. 아이가 입지 못하는 옷이나 장난감, 다 읽은 책, 멀쩡하지만 쓰지 않는 물건들을 모아 가격을 책정하게 하고 직접 팔도록 한다.

문방구에서 가격표 스티커와 간이영수증을 구입해 현장에서 가격표도 붙이고 영수증도 끊어준다. 가격은 저렴하게 매기고 사려는 사람과 흥정하도록 유도하면 아이는 무척 흥미로워 한다. 큰 도화지를 사서 홍보문구를 써 붙이는 재미도 알게 된다. 벼룩시장으로 생긴 수익금은 아이에게 전액 줄 필요는 없다. 가족들이 함께 모은 것이니까. 이렇게 매달 한 차례씩 정기적으로 벼룩시장을 열면 돈과 친해지는 좋은 기회가 된다.

이처럼 다양한 방식으로 돈 버는 즐거움을 맛 본 아이는 그 느낌을 잊지 못한다. 아이는 아껴서 모으는 즐거움보다 벌어서 모으는 체험에 더 희열을 느낀다. 스스로 번 돈에 대한 짜릿한 성취감은 강렬하게 남아서 더 큰 욕구를 일으킨다. 이것이 바로 부자가 되는 지름길이다.

축구선수로 키우기 위해서는 발끝에서 축구공을 놓지 말아야 하고, 피아니스트로 키우기 위해서는 피아노와 혼연일체가 되도록 연습을 시켜야 하는 것처럼 부자가 되기를 바란다면 돈을 가까이 두도록 해야 한다. "어린 애가 계산적이다", "돈을 밝히면 버릇없는 애"라는 식의 태도로 미리부터 돈을 멀리하게 만들면 그것은 박지성 선수처럼 훌륭한 축구선수가 되길 바라는 아이에게 축구공을 빼앗고, 김연아 선수처럼 훌륭한 피겨스케이팅 선수가 되고자 하는 아이에게

스케이트는 위험하다며 겁을 주는 것과 다름이 없다. 따라서 아이가 보다 윤택한 삶을 살아가기 위해서는 돈과 더 친해질 수 있는 환경을 만들어줘야 한다.

경제를 아는 아이는 다르다 - 2

꿈을 현실화 하며 미래를 준비한다.

아이가 스스로 꿈에 대해 생각하기 전에 부모가 개입해 꿈을 결정해주는 경우가 많다. 그렇게 해서 희망하는 직업이 의사, 변호사, 판검사, 교수 등이다. 부모들이 이러한 직업을 선호하면서 아이에게 주입하면, 아이는 '좋은 직업이구나' 라고 생각해 막연히 선망하게 된다. 또 다른 경우로는 매체에서 전달해주는 환상만을 보며 그것을 자기의 꿈으로 받아들이는 경우다. 아이돌 가수, 프로게이머, 프로 운동선수는 언제나 근사하게 그려진다. 드라마 속에 나오는 사업가도 아이에게 선망의 직업이다. 그래서 막연히 멋있다는 이유로 그런 사람과 직업을 꿈꾸게 된다.

이러한 경우에는 꿈을 현실화하지 못한다는 문제가 발생한다. 꿈이 구체적이지 않으면 현실의 생활도 꿈과 직간접적인 연관성을 지니지 못하며 막연해진다. 꿈이 꿈으로만 머물 뿐 실제와 연결고리가 만들어지지 못한 채 공허해진다. 그러나 반대로 교육을 통해 구체적인 꿈을 갖는 아이는 꿈을 이루기 위해 지금 무엇을 해야 하는지를 정확히 알고 있다. 그래서 다른 아이에 비해 덜 지치며, 방황도 덜 한다.

경제교육은 아이에게 현실에 존재하는 다양한 직업 이야기를 하면서 꿈과 비전에 대한 교육을 한다. 비즈니스의 기본은 계획plan, 실천do, 수정see 이다. 이것이 습관화되어 있는 아이는 스스로의 인생 계획도 주도적으로 세운다. 꿈을 세우고 그 꿈을 이루기 위해 실천하고, 내가 지금 뭘 잘했는지 잘못했는지 돌아보고 수정해서 다시 계획하며, 다시 실천하고 또 돌아보는 과정이 반복되기 때문이다. 그러면서 나선형으로 발전해 나가는 것이 비즈니스의 기초다.

경제교육 프로그램 가운데는 아이들이 그룹을 지어 사업을 체험하는 과정이 있다. 그 과정에서는 직접 음료수를 팔기도 하고, 액세서리를 만들어 팔기도 하고, 안마 같은 서비스를 팔기도 한다. 짧은 시간이나마 아이에게 이러한 사업을 경험하게 하면 비즈니스의 기본을 알게 된다. 예컨대 "먼저 사업계획서를 써야 한다plan. 그런데 내가 무엇을 잘하는지 알아야 역할이 결정된다. 그 안에서 열심히 노력해서 돈을 번다do. 돈을 버는 과정에서는 수많은 시행착오도 겪지만 성취감도 맛본다. 그 다음에 장부를 써서 얼마를 벌었는지 파악한다. 그리고 잘 벌었으면 왜 잘 벌었는지, 못 벌었으면 왜 못 벌었는지 알게 된다see. 다시 사업을 할 때는 이것이 반영이 되어 더 발전한다rotation."

이러한 패턴이 비즈니스다. 이 패턴을 경험한 아이는 그렇지 않은 아이에 비해 계획을 세울 때도 훨씬 더 명확해진다. 실천을 할 때도 보다 더 구체적으로 실행하고 자신감을 얻으며, 되돌아볼 때도 현실적으로 문제를 파악한다.

굳이 경제교육에 참여하지 않더라도 가정에서 체험하며 습득할 수 있는 경제교육은 무궁무진하다. 그런 교육을 받은 아이는 분명 달라진다. 꿈을 설정하더라도 훨씬 현실적이며 구체적이 된다. 그리고 꿈과 자신과의 연결고리를 만들어나갈 줄 안다. 과학자가 되고 싶다는 꿈을 설정했다면 놀 때도 과학 키트를 가지고 논다.

그러므로 아이에게 멋진 미래를 열어주고 싶다면 꿈을 주입시키고 공부를 강요할 것이 아니라 먼저 경제교육을 시켜야 한다. 경제교육을 받은 아이는 스스로 훌륭하게 꿈을 찾아내고 완성시켜간다. 그렇게 아이의 미래가 달라지기 시작한다.

말하지 않아도 스스로 공부한다.
스스로 공부하는 아이, 부모의 잔소리 없이도 알아서 공부하는 아이! 모든 부모들이 바라는 자녀의 모습 아닐까? 제7차 교육과정에서도 바로 이 '스스로 공부하기'에 역점을 둬 자기주도성 학습을 중요시한다. 자기주도성이 형성되기 위해서는 동기부여가 우선되어야 한다. '열심히 하고 싶어'라고 동기부여가 돼야 스스로 주도성을 가지고 실천할 수 있다. 열심히 하고 싶다는 의욕이 일어나기 위해서는 그것이 재밌어야 한다. 흥미롭고 호기심이 생길 때 누가 등 떠밀지 않아도 스스로 하게 되는 것은 자명한 일이다. 아이가 스스로 재미있게 공부를 하게 만드는 방법은 바로 경제교육이다.

　모든 아이는 어른의 세계를 동경한다. 그래서 어른들을 흉내 내며 꽤나 즐거워한다. 특히 돈을 번다는 것은 어른의 영역 가운데도 굉장히 큰 부분이다. 그래서 아이는 경제와 돈을 어른들의 세계라고만 생각한다. 그런 아이가 경제교육을 통해 돈을 알게 되고, 스스로 돈을 버는 체험까지 하게 되면 이전과 다르게 부쩍 성장한다. 어른의 세계를 경험했기 때문이다. 아이가 스스로 돈을 벌면, 말할 수 없는 흥분을 느낀다.

　그리고 한층 의젓하게 미래를 생각한다. 이렇게 신나는 어른 세계에 진입하기 위해 지금 해야 할 일이 공부라는 결론을 스스로 내린다. 비로소 공부에 동기가 부여되고 자기주도성이 부여되는 순간이다. 그러면 아이는 그전보다 공부가 훨씬 재미있어진다. 이렇게 형성된 자기주도성은 평생 자산이 된다. 부모가 아이에게 해줘야 되는 최고의 자산은 사실 돈도 공부도 아니며 바로 이러한 자기주도성이다.

"작은 성공을 많이 경험할수록 성공에 가까이 간다"는 말이 있다. 작은 성공의 경험은 아이에게 습관으로 남는다. 1등을 한 번한 아이는 그 다음에 1등을 할 가능성이 훨씬 높아진다. 성공으로 인한 성취감의 달콤한 기억이 동기를 부여하기 때문이다.

작은 계획을 달성하게 하는데 경제교육만큼 좋은 게 없다. 경제는 매사가 목표가 될 수 있기 때문이다. '공부 1등하기'라는 목표는 어렵지만 '오늘 용돈 500원 아끼기'는 달성하기 훨씬 쉽다. PC방 가지 않기, 일주일에 군것질비 1천원 줄이기. 이러한 것들이 경제교육을 통해 매일매일 성공의 기억으로 축적될 수 있다. 경제생활 안에서 이렇게 매일 성공의 달콤함을 맛보게 만들어라. 매일 작은 성공을 하며 자신을 독려하는 성공 습관이 나중에 큰 성공을 성취할 수 있게 하는 원동력이 된다.

기업가정신을 길러준다.

경제활동에서 이익을 얻기 위해 경제 주체들은 무엇인가를 해야 한다. 무엇인가 한다는 행위는 가만히 있는 것에 비해 분명 위험이 따른다. 하지만 우리가 인식을 하든 못하든, 이익을 얻기 위해서는 위험을 감내해야만 한다. 이익이 커질수록 감내해야 하는 불확실성과 위험은 증가한다. 현재 우리를 둘러싼 성공적이고 화려한 경제 환경은 새로운 도전에 대한 성실한 화답이라 할 수 있다. 물론 이러한 성공은 수많은 실패를 전제로 한다.

경제교육은 아이에게 사회를 위한 도전을 이야기한다. 도전은 자신과 사회를 위해 이루어지며, 도전의 성공이 가져오는 결실이 아이 자신과 사회의 이익이 되는 것이다. 동기부여가 된 자기주도적인 아이가 미래사회를 향해 던지는 몸짓이 바로 경제교육에서 이야기하는 기업가정신이다.

기업가정신은 말 그대로 '기업을 경영하는 사람이 갖추어야 할 사회적 행동양식과 의식 상태'로 해석될 수 있다. 하지만 기업가정신에서 중요한 요소는 기회 인식과 도전, 그를 통한 부가가치의 창출이다. 한마디로 요약하면 두려워하지 말고 도전해서 사회와 함께 살아가는 새로운 부가가치를 만들어내는 것이다.

이것은 기업을 경영하는 사람에게만 해당되는 것이 아니다. 회사원에게도 필요하고, 공무원에게도 필요하고, 의사에게도, 교사에게도, 주부에게도, 학생에게도 필요하다. 자기자신에 대한 제약의 고리를 깨고 새로운 눈으로 도전을 하라는 의미이기 때문이다. 새로운 것에 호기심을 갖고 계속해서 새로운 도전에 가장 많이 직면하는 세대는 어느 세대일까?

2010년 해외 뉴스에는 남다른 사업 수완으로 벌써 10억원 이상의 자산가가 된 캐나다의 9세 소년 이야기가 실렸다. 심지어 이 아이는 사업 6년째를 맞는다. 3살 때 집에 있는 닭들을 돌보며 얻은 달걀을 교회와 장터에 팔면서 처음 돈을 벌었고, 그 후로 이웃집 마당의 눈을 치우거나 잔디를 깎아주는 대가로 시간당 20달러씩을 받으며 자산을 키워왔다. 효율적으로 사업을 운영하기 위해 덩치 큰 형들을 고용해 이윤을 남기기도 했다. 그리고 최근에는 어머니의 도움을 받아 부동산 투자도 한다. 경제 관련 강연회에 종종 연사로 초청되는 소년은 늘 이렇게 강조한다.

"왜 도전을 두려워하는가! 우리가 돈을 버는 것을 방해하는 것은 아무것도 없다."

성인이 되어 도전이 어려운 이유는 실패로 인한 결과가 치명적이기 때문이다. 그러나 어린이와 청소년기에 도전과 실패는 성인이 된 후의 성공을 크게 만든다. 따라서 많은 경험을 해야 한다. 그때의 도전은 경제활동의 방법을 깨우쳐가는 과정이며, 미래를 명확히 그리는 채색의 시간이다. 그러므로 내 아이에게도 두려움 없는 도전 정신을 키워주어야 한다. 끊임없이 도전하고 그 안에서 성공과 실패를 경험하며 배워나가야 한다.

내 아이를 위한 3개의 통장

PART 4
내 아이를 위한 세 번째 통장

경제를 보는 눈과 수익률이 함께 크는 '주식통장'

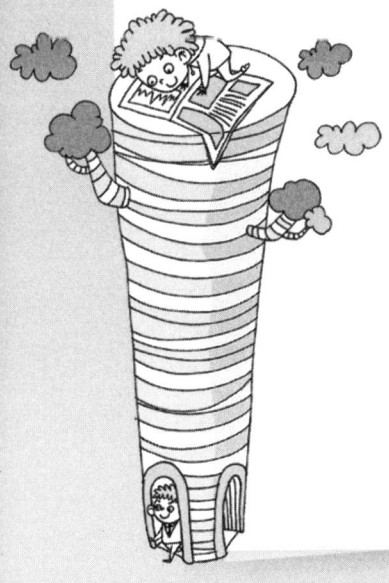

내 아이를 위한 세 번째 통장

수많은 사람들이 주식투자를 하고 있지만 대부분이 운용의 어려움을 호소한다. 주식을 해서 재산을 날렸다든가 혹은 떼돈을 벌었다는 이야기들은 주식이 마치 투기처럼 허황되게 보이게 한다. 그러나 주식을 제대로 이해하고 '장기투자'라는 신조를 꺾지만 않는다면 이만큼의 수익을 가져다주는 투자 수단을 찾아보기 어렵다.

'20세기 가장 위대한 투자자'로 불리는 워렌 버핏은 코카콜라, 질레트, 아메리칸익스프레스, 워싱턴포스트, 디즈니 등 세계 유수기업들의 최대 주주로, 지난 40여 년 동안 연평균 22% 이상의 수익률을 올린 미다스의 손이다. 그가 이토록 큰 수익을 올리고, 막강한 영향력을 갖게 된 이유는 무엇일까? 바로 어릴 적부터 주식투자의 세계를 맛보았기 때문이다. 주식투자를 통해 그는 일찌감치 경제에 대한 안목과 지혜를 얻을 수 있었다.

앞으로 내 아이는 미래의 투자자이자 세계경제를 이끌어갈 젊은 인재이다. 그런 아이에게 부모는 어떤 자산을 남겨줄 것인가? 돈이 아닌 인생의 지혜, 워렌 버핏이 깨닫고 앞서갔던 통찰력과 주체적인 삶! 진정 그것들이 자녀를 위한 가장 위대한 유산이지 않을까. 주식이라는 경제활동을 통해 제2의 워렌 버핏을 만드는 경제교육의 참 의미를 살펴보자.

01
공부와 투자를 겸하는 마법 '주식통장'

세 번째 우리가 만날 통장은 주식통장이다. "종이가 보석이 되고 보석이 종이가 된다"는 말처럼 사람에 따라 주식에 대한 견해차는 매우 크다. 아이에게 굳이 주식이라는 위험을 가르쳐야 하는 건지, 잘못하면 오히려 낭패감과 좌절감을 맛보게 하는 것은 아닌지 걱정하는 부모들이 많다. 하지만 지금 우리가 하고자 하는 것은 큰돈으로 빠르게 수익을 창출하는 투기의 목적이 아님을 염두에 두기 바란다.

아이가 장기적으로 부의 기반을 마련해가는 여러 개의 마법 가운데 하나이며, 꾸준히 갈고 닦는 과정이라 여기면 된다. 비유하자면 경제학교의 한 교과과목 중에 주식이 있고, 학년마다 꾸준히 배우는 내용이 투자마법인 셈이다. 따라서 주식통장은 현재를 위한 것이 아니라 아이의 먼 미래의 가능성을 끌어다 미리 채워주는 것이다.

그런 의미에서 주식통장을 갖고 있는 부모도 여럿 있다. 하지만 대부분 아이를 위한 주식통장이라 하면 보통은 적립식펀드로 부모가 일방적으로 들어주는 경우가 많다. 사실 복리식 적금통장과 금통장은 이미 부모가 선택해 아이가 돈의 흐름과 변화를 관찰하는 과정에 의미가 있는 통장이지만 주식통장은 만들기 전의 과정에서부터 매우 의미가 크다. 어떤 곳에, 얼마 정도 투자를 해야 할지 판단하고 결정하는 전 과정을 모두 아이가 선택해야 하기 때문이다. 그것이 주식통장이 갖는 목적성이라 하겠다. 그러므로 처음부터 부모가 결정하고 만드는 주식통장은 지양해야 한다. 아이는 주식투자를 직접 판단하고 선택함으로써 경제의 흐름을 익히기 때문이다.

그럼, 이제부터 투자방법에 대한 개념을 먼저 살펴보자. 흔히 우리가 가장 많이 하는 투자는 펀드이다. 펀드는 투자자들이 공동의 투자목적을 가지고 모은 돈이다. 개인투자자가 증권회사에 돈을 맡기면 증권회사는 자산운용사에게 돈을 맡겨 자산운용 전문가인 펀드매니저가 주식에 투자하는 간접투자 방식을 말한다. 보통 비전문가인 본인 대신 전문가인 대리인(펀드매니저)이 알아서 주식을 선택하고, 수익을 얻게 하는 것이다. 투자자는 수익을 가져가는 대신 펀드매니저에게 약간의 수수료를 지급해야 한다. 펀드의 구조는 앞의 그림과 같이 구성되어 있다.

이와 반대로 개인투자자가 수탁회사를 거치지 않고 거래소라는 주식시장을 통해 직접 매매가 가능한데, 기업이 이러한 투자자들에게 발행해주는 증서가 주식이다. 때문에 개인의 주식수가 상대적으로

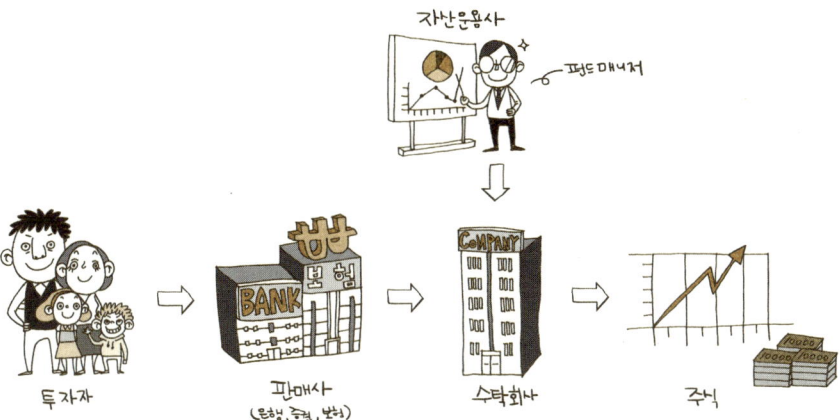

많으면 그 회사의 경영권도 가질 수 있다. 또한 회사가 수익을 많이 남기면 수익의 일부 또는 전부를 배당이라는 방법으로 투자자들에게 환원해준다. 그래서 배당을 자주, 많이 하는 회사는 인기가 높기에 주가도 더불어 높게 형성된다. 지금 우리가 아이와 함께 하고자 하는 주식투자가 바로 이러한 방식이다.

우리는 펀드를 택하지 않고 직접 주식시장을 통해 실질적인 거래를 할 것이다. 아이가 직접 주식을 골라 투자를 해보도록 하자. 그러면 부모는 아이의 펀드매니저와 멘토의 역할을 해주어야 한다. 아이가 경제에 더 관심을 갖고, 어떤 주가의 상승 가능성이 높은지 함께 고민하고 응원해줘야 한다. 하지만 너무 부담을 갖고 고민하게 만들지 마라. 우선은 부모가 많이 공부해야 하는 것이 주식통장의 과제이다.

★ 아이의 앨리스지수를 높여주는 주식

주식시장은 경제의 살아있는 교육장이다. 주식에서는 시장경제의 핵심인 '가격형성의 원리'를 가장 잘 이해할 수 있다. 수요와 공급, 위험과 손실, 가치와 유효 등으로 이루어지는 변화의 속성을 주가가치의 변동에 따라 여실히 보여준다.

또한 글로벌화된 세계와 경제를 구체적으로 보여주기에 아이에게는 큰 개념의 장터인 셈이다. 경제 분야에서 주식은 그 나라의 건강 상태를 보여주는 진단서이기도 하다. 주식이 각 나라의 경제 상황을 아우르는 기본 척도가 되기 때문이다.

이러한 주식의 기능을 알면 아이는 이미 경제에 관한 모든 기능적 요소를 습득한 것과 같다. 따라서 워렌 버핏처럼 어렸을 때부터 주식투자를 경험하면 경제를 보는 안목과 바람직한 투자 철학을 갖는다.

국내에서는 현실적으로 주식교육과 투자가 제대로 이루어지지 않는 실정이다. 물론 어린이펀드야 몇몇 상품이 나와 있지만 구체적으로 아이가 직접 주식투자를 하기란 쉽지 않다. 하지만 그렇다고 "아무도 안 하는데 뭘" 하면서 기다릴 여유가 없다. 앞으로 내 아이는 세계의 아이와 경쟁해야 되기 때문이다. 그러므로 이제부터라도 주식이라는 매개체를 통해 투자의 첫걸음을 떼고, 회사와 자본주의를 이해하며, 나아가 올바른 세계관과 경제관을 가지도록 앨리스지수를 길러야 한다.

02
주식과 펀드는 무엇이 다를까?

논술 교육이나 리더십 교육을 위해 아이에게 신문을 읽히는 부모가 많다. 그러나 아이는 시사에 그다지 관심을 갖지 않는다. 다만 숙제를 위한 숙제를 할 뿐이다. 그런 아이가 세상일에 스스로 관심을 갖게 하는 비법이 있다면 바로 주식을 가르치는 것이다. 주식과 펀드에 대해 알고 직접 투자를 하게 되면 아이는 세상일에 더욱 관심을 갖는다. 지구 반대편의 기상이변에 대해, 여타 사회의 움직임에 대해 총체적으로 알고 싶어 한다. 그것이 아이가 주식을 만나야 하는 주된 이유이다. 이렇게 이점이 많은 '주식과 펀드'를 어떻게 설명해야 아이를 쉽게 이해시킬 수 있을까?

사실 주식과 펀드의 구분은 어른에게도 다소 모호할 수 있다. 대략 펀드매니저의 유무로 구분된다지만 구체적으로 어떤 차이점이 있는

지를 물으면 선뜻 대답이 나오지 않는다. 따라서 부모가 먼저 주식과 펀드의 차이점을 바르게 알고 설명해줄 수 있는 지식을 갖춰야 한다. 그렇다면 아이에게 과연 어떻게 주식과 펀드를 설명할까?

사업을 하기 위해 필요한 돈을 마련하는 방법에는 여러 가지가 있다. 자신이 가진 돈으로 사업을 시작할 수도 있지만 충분한 돈을 가지고 있지 않은 경우에는 은행에서 돈을 빌려 사업자금을 마련할 수 있다. 이 방법 외에도 주식을 발행해서 필요한 자금을 마련하는 방법도 있다. 주식이란, 자신이 회사에 낸 돈을 증명할 수 있는 종이로 여러 사람이 가진 돈을 모아 회사를 만들어 나중에 회사가 성공을 하면 그 이익을 공평하게 나누어 가지기로 약속하는 것이다.

기업은 주식을 회사의 가치만큼 발행할 수 있다. 덩치가 큰 기업은 1주당 가격을 비싸게 발행하거나 싸게 많이 발행하고, 덩치가 작은 기업은 1주당 가격을 싸게 조금 발행한다. 주주는 주식을 가지고 있는 만큼 회사의 주인으로서의 권리를 가진다. 회사에 이익이 났을 때 그 이익을 나누어 가질 수 있는 것이다. 회사가 돈을 벌어 이윤이 발생하면 회사는 운용자금을 뺀 이윤의 일부를 주주에게 나누어준다. 이렇게 이익금을 주주들에게 나눠주는 것을 배당이라 하며, 이때 나눠주는 돈을 배당금이라 한다.

또한 주주들은 회사의 중요한 일에 의견을 내고 결정을 할 수 있는 권리도 함께 가진다. 이때 주식을 많이 갖고 있는 사람에게는 결정할 수 있는 투표권이 많이 주어지는데, 주식에 따라 권리를 가지는 것을 지분이라 한다. 이처럼 주주 가운데 지분을 가장 많이 가지고 있는 사람을 최대주주, 일정량 이상을 가지고 있는 사람을 대주주라 한다. 알다시피 주식은 다른 사람에게 팔 수도 있고 살 수도 있다. 사는 사람은 되도록 싸게, 파는 사람은 되도록 비싸게 거래하려 하기 때문에 둘 다 만족할 수 있는 지점에서 가격이 결정된다.

그렇다면 주식 가격이 오르고 내리는 것은 어떻게 알 수 있을까? 신문이나 뉴스에 나오는 주식시세표를 보면 알 수 있다. 주식 뉴스가 보도될 때 빨강과 파랑 화살표들이 어지럽게 있는 것을 보았을 것이다. 그게 바로 주식시세표이다. 빨간 표시는 주식가격이 올랐다는 뜻이고, 파란 표시는 가격이 떨어졌다는 뜻이다. 빨간 표시가 된 회사들이 많을수록 우리나라 경제가 긍정적으로 평가된다. 신문의 주식시세표를 함께 보면서 아이와 주식 상황에 대해 이야기를 나눌 수 있다. 가령 하루에도 몇 번씩 오르고 내리기를 반복하는 주가 변화를 그래프로 그려보게 하던가, 주식가격의 변동 이유를 아이의 상상에 맡겨 이야기를 들어 볼 수 있다. 또한 주식시세표를 보고 아이에게 관심 있는 회사를 2,3개 골라보라고 권한다. 이렇게 다양한 방식으로 아이와 대화를 나누면 상상력과 논리력을 키울 수 있다.

간혹 주식을 채권과 헷갈리는 사람도 있다. 주식과 채권은 회사에서 발행된다는 형식에서 같으나 채권은 엄밀히 말해 '회사에 돈을 빌려주고 받는 영수증'이다. 그러니까 채권을 가지고 있으면 채권에 쓰인 날짜에 돈을 되돌려 받을 수 있다. 주식에 투자하면 가격이 오르락내리락해서 조금 불안하지만 채권은 회사가 망하지 않는 한 빌려준 만큼의 돈을 받을 수 있는 증서이기 때문에 상대적으로 안전하다.

내 아이를 위한 3개의 통장 TIPS
주식과 채권의 이해

아이에게 주식과 채권의 차이점을 쉽게 이해시키고자 한다면 직접 경험을 시킬 수 있다. 친구에게 돈을 빌려준 다음 영수증을 받는다면 그것이 바로 채권이다. 학교 축제에서 친구와 함께 아이스크림 장사를 하기 위해 돈을 함께 투자하고 투자한 만큼을 표시한 증서를 받는다면 그것이 바로 주식이다.

그럼, 펀드는 무엇일까? 부모의 경우 아이를 위해 펀드에 투자는 하지만 정작 펀드에 대해 설명해주지는 않는다. 펀드를 가장 쉽게 설명할 수 있는 문장이 있다면 바로 '티끌 모아 태산'이다. 펀드fund는 큰 금액의 뭉칫돈, '기금'을 뜻하는 말로서, 여러 사람이 모아서 만든 수천만원에서 수천억 원에 달하는 많은 양의 돈을 뜻한다. 펀드는 우리말로는 투자신탁이라고 해석할 수 있다. 투자신탁이라는 말은 자신이 직접 투자를 하는 것이 아니라 펀드를 잘 아는 전문가에게 맡기는 간접투자이다.

펀드매니저들이 활동할 수 있는 펀드가 만들어지는 회사를 운용사라고 한다. 경제교육을 경험한 아이 가운데는 펀드매니저가 되고 싶다는 아이도 의외로 많다. 펀드의 세계를 알면 그만큼 그 분야에 매력을 느낀다. 펀드매니저는 주식투자에 대한 지식과 경험이 풍부하며 이러한 지식을 통해 시간이 부족한 일반인들을 대신해 주식, 채권 등에 투자해 그 이익을 투자자들에게 되돌려주는 일을 한다. 주식을 잘 모르는 일반인들이 펀드를 선호하는 이유도 바로 전문가인 펀드매니저가 펀드를 운용해주기 때문이다.

아이에게 펀드에 대한 이해를 쉽게 하기 위해서는 직접 펀드매니저가 되는 놀이를 하면 좋다. 자신만의 펀드를 만들게 해서 '누구를 위한 펀드인지, 무엇을 위한 펀드인지'를 설명토록 하고 직접투자자(가족 구성원)를 모으도록 하는 방식이다. 혹은 현재 우리집에서 가입된 펀드가 있는지를 살펴 통장과 운용보고서를 아이와 함께 읽는 것도 이해를 쉽게 하는 방법이다. 물론 주식도 함께하고 있는 가정이라면 둘 다 아이가 살펴보도록 하면서 설명해주는 것만큼 효과적인 것은 없다. 주식과 펀드의 차이점을 통해 아이는 투자의 다양성을 엿볼 수 있는 계기가 된다. 이러한 지적 경험은 훗날 아이의 투자 안목을 넓혀주는 중요한 역할을 한다.

03
변화하는 경제를 파악하는 주식시장

웬만한 어른도 주식시장을 읽기란 쉽지 않다. 말만 많이 들었지 보는 법을 몰라 주식투자를 못한다는 사람도 많다. 주식시장을 읽을 수 있는 능력은 경제활동에 절대적으로 필요하다. 그렇다면 아이한테 주식을 읽게 하는 눈을 기르게 하려면 어떻게 해야 될까?

우리가 회사에 투자를 하는 이유는 수익을 얻기 위해서다. 수익을 얻기 위해서는 주식을 사기 전에 반드시 '그 회사가 좋은 곳인지, 나쁜 곳인지'를 꼼꼼히 따져야 한다. 그러면 여기서 또 문제에 부딪힌다. 어떻게 회사가 좋은지 아닌지를 알 수 있을까?

다행히 회사는 상태가 건강한지를 체크할 수 있는 자료를 제공해준다. 바로 재무제표이다. 지난 3년간 회사의 매출과 이익이 증가하고 있는지, 자금흐름에는 문제가 없는지 재무제표에는 잘 나타나 있

(단위: 원)

상장·코스닥 기업			
삼성전자 (IT회사)	860,000	매일유업 (식음료)	13,800
SK텔레콤 (통신회사)	157,000	메가스터디(교육)	173,900
기아차 (자동차회사)	59,200	크레듀 (교육)	47,850
KB금융 (은행)	54,000	미스터피자(외식)	1,610
NHN (인터넷 회사)	182,000	빙그레 (식음료)	58,400
iMBC (방송)	2,600	삼천리자전거 (제조)	9,870
남양유업 (유제품)	665,000	아시아나항공 (항공)	8,700
네오위즈 (게임회사)	12,150	안철수연구소 (보안)	17,000
농심 (식품)	218,000	엔씨소프트 (게임)	243,000
능률교육 (교육)	3,650	예스24 (도서유통)	4,720
다음 (인터넷)	90,000	롯데쇼핑 (쇼핑몰)	419,000
대한항공 (항공)	56,500	웅진싱크빅 (교육)	15,100
동아제약 (제약)	108,000	유한양행 (제약)	145,500
두산 (유통)	122,000	하나투어 (여행)	38,500
마니커 (식품)	1,205	엘지생활건강 (생활용품)	360,000
에스엠 (연예)	17,300	CJ CGV (영화)	25,650

* 2011.3.15. 기준

다. 다른 것을 볼 필요 없이 이 부분만 염두해서 본다. 그런 다음, 인터넷이나 각종 미디어(뉴스, 신문)를 통해 회사의 정보를 읽는다. 현재 해당 기업의 이슈가 무엇인지, 나쁜 뉴스인지 좋은 뉴스인지, 신제품이 나왔다면 평가는 어떠한지를 살펴 기업의 이미지를 판단한다. 이모든 과정은 반드시 아이와 함께 공부해야 한다. 아이가 마음의 결정을 했으면 이제 그 주식을 구입한다.

한 회사를 선택하는 일이 어려운 독자를 위해 코스피와 코스닥에서 아이가 좋아할 기업의 리스트를 20개 선정했다. 투자한 회사의 사업추이를 관심을 가지고 따라갈 수 있어야 하기 때문에 기왕이면 아이에게 익숙한 기업을 선정하는 것이 좋다.

아이에 따라 특정한 관심 분야가 있다. 다른 아이에게는 어려운 분야라 할지라도 내 아이에게는 친숙한 분야라면 얼마든지 택해도 좋다. 아이의 장래 희망과 관련된 분야도 좋은 선택이다. 그 분야의 사업이 어떻게 발전해 나갈지 트렌드는 어떨지를 미리 예상하고 확인할 수 있기 때문이다. 이와 같이 아이가 투자하고 싶은 기업을 스스로 선정하게 하는 것이 이 과정에서 제일 중요하다. 혹시 아이가 스스로 판단하기를 어려워한다면 옆에서 판단을 도울 수 있는 정보들을 제시해주고 최종 선택은 아이의 몫으로 남기자.

위에서 제시한 추천 기업에서 고를 경우에는, 먼저 아이가 좋아하는 기업을 고르게 하고 그 이유를 묻는다. 앞으로 발전 가능한 회사는 무엇이라고 생각하는지 그 이유도 묻는다. 아이가 정보력이 부족해 부모 생각과 다른 회사를 고르더라도 아이의 의견을 최대한 존중하며 들어주는 것이 중요하다.

★ **주식을 움직이는 흐름을 보게 하자**

"엄마, 내 주식이 이상해!"

주식통장을 만든 아이는 수시로 달라지는 주가에 무척 당황한다. 처음 샀을 때와 달라진 주식을 보면서 기뻐했다가, 슬퍼했다가, 아리송했다가, 저마다 감정 표현이 확실하다. 그만큼 아이가 주식에 흥미를 갖고 있다는 의미이기도 하다.

금통장을 개설한 뒤에 금의 시세를 체크해야 하는 것처럼 주식도 변동 사항들을 수시로 체크해야 한다. 주식은 금보다 훨씬 다양하게 변화한다. 주식은 하나의 생명체 같아서 회사로 인해 태어나고 성장하고 늙기도 하며, 심지어 죽기도 한다. 이러한 사실을 아이에게 설명하며 주가를 살펴보게 하면 아이는 애정을 갖고 주식을 지켜본다.

주식을 살필 때는 월 1회 이상 회사의 건강 상태를 파악하도록 하자. 회사에 관한 부정적인 뉴스를 접하거나 재정상황이 악화될 것으로 예상되면 더 건강한 회사로 옮겨 투자를 해야 한다는 점을 일러주어야 한다. 주식통장은 이익이 날 경우 상당히 큰 이익을 가져다주지만, 많은 손실을 줄 수도 있다는 점을 알아야 하기 때문이다. 금통장 때는 고유 가치에 대해 배우게 된다면 주식통장을 통해서는 변동가치에 눈을 뜨게 된다. 투자한 회사에 문제가 생기거나 손실이 커지면 돈이 완전히 사라져버릴 수도 있다는 점을 꼭 명시해주자.

실 새 없이 변하는 주식을 지켜본 아이는 투자치에 대해 곱씹어 생각한다. 회사의 사업 내용에 대해서도 관심을 갖고, 생활 속에서 어떤 제품들이 있는지도 보물찾기처럼 하게 된다. 게다가 자기가 그 회사의 주주라는 생각에 해당 회사의 제품만을 고집하기도 할 것이다. 그리고 주가가 오르면 무엇 때문에 오르는지, 내리면 그 원인이 무엇인지 고민하면서 경제 상황에 남다른 안목을 갖춰간다.

가령, 늦은 봄의 시기에는 여름에 매출이 오르는 아이스크림과 음료회사의 주가가 오를 가능성이 높다는 점, 방학을 앞두고 여행이나 항공사의 주가가 좋아질 수 있다는 점, 새로운 자동차나 전자제품이

발매되기 전에는 해당 회사의 주가가 올라갈 수 있다는 점 등등. 주식을 통해 변동가치에 눈을 뜬 아이는 다양한 관점으로 사고하는 습관을 기르게 된다. 그리고 선택에 대한 강한 책임감과 자주성을 갖는다. 투자의 책임을 생각하고, 나아가서는 행동에 책임을 질 줄 아는 자세도 얻는다. 그러면 우리는 주식통장을 만든 목적과 보람을 함께 맛보는 것이다.

그렇다면 이제는 아이가 실제로 주식투자를 할 수 있도록 등록 절차에 따라 주식통장을 만드는 일만 남았다. 주식통장을 만드는 과정은 다음과 같다.

> 1단계 : 아이와 함께 우리 동네에 어떤 증권회사가 있는지 알아본다.
> 2단계 : 우리집에서 가장 가깝고 수수료가 저렴한 증권회사를 찾는다.
> 3단계 : 가족이 등재된 주민등록등본, 아이 도장, 부모 신분증을 준비한다.
> 4단계 : 2단계에서 찾은 증권사에 아이와 함께 방문한다.
> 5단계 : 번호표를 뽑고 신규통장 개설 코너에서 기다린다.
> 6단계 : "내 아이 부자 만들기 주식통장 만들어주세요"라고 말한다.
> 7단계 : 주식통장을 만들어 집으로 돌아온다.
> 8단계 : 컴퓨터에 ○○증권 홈트레이딩을 설치 후 실행한다.
> 9단계 : 선택한 회사의 주식 가격을 찾아 기록한다.

주식통장을 만드는 것을 끝으로 우리는 3개의 통장을 모두 얻었다. 이로써 우리는 아이를 부자로 만들기 위한 투자의 초석을 모두 갖쳤다 해도 과언이 아니다. 앞으로는 아이와 함께 본격적인 투자를 실천하기만 하면 된다.

성공학의 권위자인 데니스 웨이틀리 박사는 "자녀에게 줄 수 있는 가장 큰 선물은 책임감이라는 뿌리와 자립이라는 날개"라고 말했다. 목표를 세울 줄 아는 아이, 그 목표를 실천할 줄 아는 아이, 실천에 책임을 지며 이 모든 과정을 기꺼이 받아들이고 노력할 줄 아는 아이, 그 모든 해답은 3개의 통장과 경제교육 안에 있다. 부모만을 위해 아이의 미래를 설계하지 말고, 아이가 스스로 미래를 설계할 수 있도록 하자.

04
가정의 경제계획에 직접 참여하게 하자

지금까지 우리는 자녀의 미래를 위해 투자를 하면서 아이에게 경제지식을 제공하는 방법과 더불어 실질적인 재테크를 통해 돈을 키워 나가는 방법들을 배웠다. 이는 아이에게 돈은 단순히 필요한 것을 사기 위한 도구가 아닌 경제생활을 효율적으로 영위해 나갈 수 있는 수단이라는 것을 가르친 것이다.

그러면 이제 우리에게 남은 것은 어떻게 계획성 있게 쓰느냐의 문제이다. 이는 용돈을 계획적으로 쓰는 것과는 조금 차원이 다른 문제이다. 용돈이라는 한정된 금액 내에서 소비하는 버릇과 용돈의 범위를 넘어선 큰 금액을 소비하는 것에는 차이가 있다.

예컨대 평소 만원 쓰던 사람에게 백만원을 하루에 다 쓰라고 하면 쓸 수 있을 것 같은가? 생각 외로 쉽지 않다. 오랜 기간 일정 금액을 소비하던 습관이 뿌리 깊게 남아 큰 금액이 생기면 대처가 느려지는 법이다. 물론 흥청망청 사용할 수는 있겠지만 현명하게 계획적으로 소비하는 것에는 실패하기 마련이다. 그렇기 때문에 아이의 소비 습관을 더 큰 차원으로 끌어줄 필요가 있다.

어떠한 상황에서도 아이가 현명하고 계획성 있게 돈을 쓰게 하려면 어떻게 해야 할까? 가장 쉬운 답은 '어른의 세계를 경험하게 하라'이다. 아이의 수준으로 용돈을 쓰는 데에는 한계가 있다. 체험의 범위도 좁다. 그러므로 조금 더 큰 단위의 돈을 써보는 경험을 위해 가족계획에 아이를 직접 참여시킬 것을 권장한다.

가족계획에는 무엇이 있을까? 다양한 행사가 있지만 우선 여행계획과 파티계획의 예를 생각해보자. 부모는 아이의 체험학습 측면에서 여행을 많이 계획한다. 역사와 문화, 자연을 찾아가는 현장학습을 통해 교육 효과를 누린다. 이때 경제도 함께 가르칠 수 있는 일석이조의 방법이 있다. 가족이 여행을 가기로 결정했다면 첫 단계부터 아이와 함께 계획하는 방법이다. 그냥 보조적인 역할로 아이를 두는 것이 아니라 전반적인 주도권을 주어 직접 여행계획을 세우도록 한다.

일단, 이러한 큰 과제가 아이에게 주어지면 아이는 당황과 걱정을 하기 시작한다. "이러한 걸 내가 어떻게 해!" 하며 처음에는 발뺌을 하지만 이내 아이는 흥분된 상태로 맡은 역할에 기대감을 갖는다. 이럴 때 부모가 함께 도와주면서 아이의 계획에 힘을 실어주면 금세 제 몫을 해나간다. 이렇게 책임 의식을 넓히는 것이 계획적인 소비를 위해 절대적으로 필요하다.

먼저 장소를 정하고 일정과 비용을 정해놓자. 여기에 대해서는 부모가 가이드라인을 잡아줘야 한다. 그러고 나서 교통편과 숙소, 세부계획까지 아이가 인터넷을 검색하며 자료를 수집할 수 있도록 한다. 그러면 아이는 그동안 무작정 따라갔던 여행에 얼마만큼의 비용이 소요되며, 얼마나 세심한 계획이 필요한지를 스스로 깨닫는다.

기왕이면 여행지에서 쓸 비용도 아이에게 맡겨보자. 일단 여행지에서는 어떤 비용이 들 것인지 묻고, 숙박비 같은 큰 비용 외에 식비나 잡비로 쓰일 돈을 맡기면 아이는 시키지 않아도 먼저 짠돌이 기질이 발휘된다. 그동안은 이거 사 달라 저거 사 달라 떼쓰던 아이가 이제는 동생이 음료수 먹고 싶다고 해도 "좀 있으면 점심 먹을 거니까 참아" 하거나 혹은 자기 것을 건네주면서 달래기도 한다. 즉 참을성과 배려심도 함께 발휘되는 것이다.

어떤 일에서나 그렇듯 부모는 코치만 해주고 조언자 역할만 해주면 된다. 아이가 감당 못할 부분들에 대해서만 책임져주는 것이 부모의 최대 역할이다. 그렇게 해서 여행계획부터 비용계산까지 경험한 아이는 큰 단위의 예산이나 활동에도 당황하거나 주눅 들지 않고 제 힘으로 할 수 있는 자신감이 쌓인다.

여행과 마찬가지로 파티계획을 세우는 것도 좋다. 자신의 생일파티를 아이가 직접 준비하게 해보자. 파티의 컨셉을 잡아 준비물을 사고, 어떤 요리를 할 것인지 결정해서 요리 준비를 하는 것까지, 파티 과정에 대한 진행을 맡겨보자. 이처럼 이벤트를 계획하고 이끌어가는 경험을 하면 리더십과 소통, 협상 능력도 저절로 배운다.

파티 계획의 처음엔 자신의 생일파티이기 때문에 책임감을 느낀다. 그러다가 가족 전반적인 생일파티 계획을 준비하게 해보자. 자신이 주인공이 아닌 파티임에도 책임질 수 있는 성숙함을 가지고 생일의 주인공에 대해 고민한다. 가령, 아빠의 생일이라면 '아빠는 무엇을 좋아할까?', '어떤 음식을 잘 드시지?' 등등을 생각하면서 가족의 친밀감도 더 깊어지는 것이다.

여기에 한 가지 더 조언을 하자면, 아이가 다른 사람의 생일 이벤트 진행을 맡는다면 별도의 수입을 챙겨준다. 마치 이벤트기획사에 일을 맡기는 기분으로 아이에게 맡기는 것이다. 일의 진행이 완료되면 그때 적절한 보상을 해준다. 이것이 용돈 외에 아이가 얻을 수 있는 부가적인 수익 창출의 방법이다.

이러한 개념 확대를 통해 아이를 '용돈의 세계'에만 묶어두지 말자. 더 큰 규모의 경제활동을 통해 생각의 범위도 넓히고 성장의 기회도 제공해줘야 하는 것이 우리 어른들의 몫이다.

05
박물관을 활용한 '스토리텔링 경제교육'

주식시장에서 가장 많이 등장하는 동물은 무엇일까? 혹은 증권선물거래소 입구에 조각된 동상을 보았는가? 동물 이야기가 뜬금없이 들리겠지만 주식을 하다보면 황소와 곰에 비유된 주가를 많이 듣는다. 주식시장이 활발한 상승세를 나타낼 때는 '황소장세'로, 침체 또는 하락세를 나타낼 때는 '곰장세'라고 부른다. 그래서 우리나라 증권선물거래소 입구에도 황소와 곰이 서로 머리를 맞대고 싸우는 조각품이 전시되어 있다. 황소가 뿔을 치켜드는 모습에서 상승을, 곰이 앞발로 내리치는 모습에서 하락을 상징한다.

이밖에도 주식 투자를 하면서 듣는 얘기 중에 재미난 비유가 많다. 황소와 곰을 따라 이리저리 몰려다니는 사람들을 양이라고 부른다. 황소와 곰의 싸움을 지켜보다 황소가 이길 것 같으면 황소 쪽으로, 곰

이 이길 것 같으면 곰 쪽으로 우르르 이동하는 투자자들의 모습이 떼지어 몰려다니는 양의 습성을 연상시킨다고 해서 붙여졌다. 주가에 겁을 먹고 벌벌 떠는 사람을 닭에 비유한다. 집단에 적응하지 못하는 신참, 어리버리한 사람을 말할 때 닭이라고 부르는 것에서 유래됐다.

그 외에도 멧돼지, 개미, 봉선화, 영국 전래동화에 등장하는 골디락스라는 소녀까지 다양한 증시 용어가 있다. 처음 주식시장에 생소해하는 아이에게 이러한 이야기로 접근하면 어려워하지 않고 재밌고 즐거워한다. 이것이 바로 스토리텔링 방식으로 쉽게 이해하고 재미를 유도하는 교육방법이다.

경제교육도 바로 이 같은 관점에서 시작해야 한다. 다짜고짜 앉혀 놓고 이제부터 경제교육을 할 거라고 하면 누가 좋아하겠는가. "1 더하기 1은 뭐야?"라고 묻기보단 "사탕이 하나 있는데 하나 더 줬어. 그럼 너는 몇 개의 사탕을 가지고 있을까?"라고 묻는 게 이해가 쉽다. 이처럼 다양한 스토리와 맥락 속에서 재미있게 경제교육을 시키고자 하는 게 우리의 목표이다.

그 목표를 이루기에 가장 적합한 장소는 박물관이다. 2000년 이후 한국에서도 금융기관들을 중심으로 경제박물관이 많이 신설되어 운영되고 있다. 많은 박물관들이 아직은 전시 위주의 운영을 하고 있지만 부모가 함께 가서 아이에게 큐레이터(박물관 및 미술관의 전시기획, 수집, 연구, 홍보를 하는 사람) 역할을 해준다면 아이가 재미있게 생활 속에서 경제를 배워 나갈 수 있다.

"나도 잘 모르는데 어떻게 큐레이터를 해주지?" 사뭇 걱정되는 부모도 있을 것이다. 하지만 사전에 간단한 방법만 알고 있으면 당황하지 않고 훌륭한 경제교육 큐레이터 역할을 해낼 수 있다. 그것은 바로 '질문'이다. 박물관의 전시물들은 대부분 당시의 생활상을 보여주는 것들이다. 전시물 자체로만 독립적으로 존재하는 것이 아니라 전시물을 매개로 한 스토리를 가지고 있다. 예를 들면, 조선시대 화폐인 상평통보가 어떤 용도로 쓰였으며, 어떻게 가지고 다녔는지, 주변의 물건들을 살피며 이야기할 수 있다. 화폐로 쓰였고, 한 닢 두 닢으로 세며, 한복 소맷자락이나 끈을 이용해 허리춤에 차고 다녔다는 등등의 이야기가 나온다.

그렇기 때문에 대상 전시물을 하나 정한 후, 전시물 옆에 붙은 설명을 참조해 박물관의 다른 전시물들과 이야기 구성이 가능하다. 이야기를 더 확장해서 "이 당시 외국은 어떤 화폐를 썼을까?", "상평통보는 지금 우리나라 돈 얼마에 해당할까?"와 같은 질문을 한 뒤 아이가 직접 박물관에서 찾게 하면 된다. 모르면 박물관의 진짜 큐레이디에게 물어서라도 아이가 알아오도록 유도하라.

정작 중요한 것은 부모가 박물관의 전시물을 통해 현실이나 다른 세계와 연결시킬 수 있는 다양한 질문을 한다는 데 있다. 이렇게 전시물에 이야기를 붙여가며 지도하면 아이의 상상력과 정보력을 무한히 확장시킬 수 있는 통합적인 교육이 가능하다. 또한 관련 학습에 동기부여를 주는 장점도 가지고 있다. 주말이나 여유가 있을 때 아이와 함께 경제박물관으로 나들이 가는 것은 어떨까? 백번 말하며 교육시키는 것보다 한 번의 박물관 체험 효과가 크게 나타난다.

국내 경제박물관

1 한국은행 화폐금융박물관
서울 중구 남대문로 3가 110 / 02-759-4881

신세계백화점 건너편에 있는 근대식 건축물이 한국은행이다. 한국은행 옛 본관건물의 준공 당시 명칭은 '조선은행 본점'이었다. 일제는 본격적인 침략 정책에 따라 1905년부터 정부 국고금의 취급, 은행권의 발행 등을 담당할 일본 제일은행第一銀行의 한국 총지점인 경성지점京城支店을 설립했다. 1909년 10월 한국은행을 설립하면서 중앙은행으로서의 기능을 하게 되었으며 1911년 조선은행으로 개칭했다. 1907년 착공된 한국은행 건물은 사적 280호로 지정되어 있는 곳으로 건물 자체도 견학의 가치가 있다. 광복 직후 화재로 내부 일부가 소실되었고, 한국전쟁 때 폭격 등으로 내부가 거의 파괴되었으나 전쟁 직후 복구되었다. 1989년부터 원형 복원되어 2001년부터 화폐금융박물관으로 사용되고 있다.

돈이 만들어지고 순환되는 과정, 위조지폐 식별법 등을 한눈에 볼 수 있다. 화폐의 일생, 돈과 나라경제, 우리의 화폐, 세계의 고대화폐와 기념화폐 등 다양한 전시물을 볼 수 있어 교육 자료로 충분하다. 자기 얼굴이 들어간 화폐 만들기 등 어린이들이 다양한 체험활동을 할 수 있는 프로그램도 마련되어 있으며 방학 동안에는 어린이 박물관 교실도 개최한다.

2 한국금융사 박물관
서울 중구 태평로 1가 62-12 / 02-738-6806

신한은행 광화문지점에 있는 국내 최초의 금융사 전문박물관이다. 1997년 3월 근대금융 100주년 기념으로 설립된 박물관이다. 개관 초에는 조흥금융박물관이라는 명칭이었으나 조흥은행이 신한은행으로 합병되면서 현재의 박물관 이름으로 변경되었다. 이곳에는 고대부터 현재까지 우리나라에서 이루어졌던 각종 금융거래와 관련된 기록 및 유물들을 갖춰 놓았으며, 각종 통장, 카드의 변천과정도 살펴볼 수 있다. 옛날 사람들이 돈 거래를 할 때 어떤 것을 사용했는지 아이가 흥미롭게 배울 수 있는 곳이기도 하다. 금융과 관련된 옛날 물건들과 화폐들을 볼 수 있으며, 돈을 빌리기 위해 담보로 당나귀를 맡겼던 옛 상인의 이야기를 비롯해 재미있는 전시물들이 마련되어 있다. 원하는 문양을 골라 화폐 만들어보기, 퀴즈를 통해 풀어보는 '도전! 금융박사' 등의 체험활동을 하면서 금융을 즐겁게 배울 수 있는 곳이다.

3 우리은행 은행사박물관
서울 중구 회현동 1가 203 / 02-2002-5098

우리은행 본점 지하 1층에 위치한 이곳에서는 우리나라 은행의 지난날 모습을 한눈에 볼 수 있다. 근대 은행의 출현에서부터 오늘날에 이르기까지 우리나라 은행사의 모든 것이 전시되어 있으며, 저금통 갤러리 등 여러 가지 테마를 담은 모형도 전시되어 있어 어린이들이 친근하게 은행의 역사를 배울 수 있는 장소다. 경제부터 그림에 이르기까지 다양한 교육 프로그램과 교양 프로그램이 진행되며, 은행이 출현하던 시기의 물품부터 최근 은행의 현황을 일목요연하게 파악할 수 있다.

4 신세계상업사 박물관
경기도 용인시 남사면 창리 256-1 / 031-339-1234

신세계 유통연수원 내에 위치하고 있다. 한국 상업사 관련 자료 및 유물을 볼 수 있는 곳으로, 입체적이고 동적인 다양한 전시 매체를 활용해 관람객들에게 유익한 정보를 제공해준다. 동국중보 · 삼한통보 · 상평통보 등 고려 · 조선시대의 화폐, 조선말의 저울은 물론 1960~70년대의 상품권, 한국 최초의 신용카드 등에 이르기까지 평소 일반인들이 쉽게 접할 수 없었던 우리나라 상업 발전에 관련된 각종 유물과 문헌들이 전시되어 있다. 또한 벽란도를 중심으로 한 고려시대 국제무역 상황을 매직비전으로 재현하는 프로그램과 철저한 고증을 통해 재현한 조선 후기 장시모형 등이 흥미롭다. 신신, 화신, 동화백화점 등등 초기 백화점 모습과 근대유통기구에 관련된 사진도 전시되어 있다.

6 관세 박물관
서울 강남구 논현동 71 / 02-510-1082

서울 세관 1층에 위치하고 있다. 세관의 변천사, 세관의 역사문서 등 유물 관람뿐만 아니라 세관 직원들이 밀수범을 검거하는 상황을 영상으로 볼 수 있는 곳이다. 가짜상품과 진짜상품이 어떻게 다른지 비교하는 체험도 할 수 있다. 신발 밑창에 금반지를 몰래 들여오기도 하고, 치약, 밥통 등에 현금과 금괴를 숨겨 들여오기도 했던 사례들의 전시물이 흥미롭다.

7 조세 박물관
서울 종로구 청진동길 44(수송동 104) / 02-397-1635

세금과 관련된 각종 자료와 유물 등을 한눈에 볼 수 있는 곳이다. 세금의 역사와 세금 관련 유물 등도 흥미롭다. 삼국시대부터 현재에 이르기까지 각 시대별 조세제도의 내용과 역사적 사건에 관한 자료들을 정리해 전시하고 있다. 또한 어린이 · 청소년 세금교실, 직업체험교실 등 다양한 프로그램도 함께 운영한다.

8 증권 박물관
경기도 고양시 일산동구 백석동 1328 / 031-900-7070

국내 유일의 증권전문 박물관이다. 우리나라 증권은 물론 세계 여러 나라 증권 중에서 역사성, 희소성, 예술성이 뛰어난 증권들로 전시되어 있으며, 세계 유명기업의 증권도 함께 전시되어 있다. 일반인들이 어려워하는 증권시장의 메커니즘을 보다 흥미롭게 알려주기 위해 대화형 키오스크 Kiosk, 슬라이딩 비전Sliding Vision 등 인공지능형 교육 프로그램이 내장된

최첨단 디지털 교육기자재를 설치해 흥미 요소를 가미하고 있다. 위변조 유가증권 식별, 나만의 유가증권 만들기 등 증권과 관련된 다양한 체험 코너가 마련되어 있어 증권에 대한 이해를 돕는다. 연령별 맞춤식 전시 해설과 증권 관련 교육 등 다양한 프로그램도 제공된다.

8 화폐 박물관
대전광역시 유성구 가정동 35 / 042-870-1000

우리나라 및 해외 화폐와 유가증권류를 포함한 역사적 사료를 체계적으로 정리, 전시하고 있다. 4개의 상설 전시실, 12만 점의 화폐 자료 중에 4,000여 점이 시대별, 종류별로 전시되어 있어 우리나라 화폐 천년의 역사를 한눈에 볼 수 있다.

9 한국거래소 홍보관
서울 영등포구 여의도동 33번지 / 02-3774-9000, 4083

여의도 한국거래소 내에 위치하고 있다. 과거의 증권 거래 모습을 알아볼 수 있으며, 주식에 대한 기초적인 지식을 습득할 수 있는 곳이다. 뉴스에 등상하는 대형 주식현황판도 직접 볼 수 있다. 또한 증권시장에 대한 일반인들의 종합적이고 체계적인 이해를 돕기 위해 홍보관 투어 프로그램을 진행 중이며, 어린이 및 청소년, 대학생, 일반인 및 교사 등을 대상으로 무료 경제교육, 무료 증시체험교육, 청소년 증권교실 등을 운영하고 있다.

경제를 아는 아이는 다르다 - 3

통합적인 사고를 한다.

교육이 필요한 이유는 무엇인가? 우리가 앞으로 살아가야 할 삶의 현장에서 부딪치는 다양한 문제와 상황들을 보다 효율적이고 합리적으로 풀어갈 수 있도록 지식을 선배나 교사들을 통해 먼저 배우는 것이다. 그런데 과연 우리가 학교에서 배운 것들이 살아가는 현실에서 얼마나 쓸모가 있으며, 생활에 얼마나 적용되고 있는가? 그 교육이 우리를 얼마나 지켜주고 있는가에 대한 대답은 결코 쉽지 않다.

가령 통신 대리점에서 과학문제를 요구하지 않으며, 슈퍼마켓에서 수학문제를 내주는 것도 아니다. 서점에서는 국어 점수를 요구하지도 않는다. 실제적인 생활은 복합·다변화된 사고를 우리에게 요구한다. 가장 단편적인 예로 가족을 위해 저녁을 준비한다고 하면, 우선 주머니 사정을 확인해서 시장 볼 액수를 정하고, 가족들이 좋아하는 요리를 결정하고, 버스나 지하철 혹은 자신의 차나 걸어서 시장까지 간다. 그리고 신선한 식재료를 골라야 하며, 더 싸게 더 좋은 상품을 구하기 위해 협상을 해야 한다.

이처럼 우리 일상은 통합적인 활동으로 이루어진다. 때문에 통합사고력을 키우는 경제교육이 필요한 것이다. 경제교육에는 학교에서 배울 수 없는 다양한 내용들이 현실에 맞게 재구성되어 과목 구분 없이 통합적이고 유기적으로 교육되기 때문이다.

이렇게 경제교육을 받은 아이가 사회생활을 하게 되었을 때, 경험이 없는 아이에 비해 강력한 무기를 가진 것이나 진배없다. 일상생활에서 부딪치는 다양한 문제 상황에 보다 효과적으로 대처하고 해결해나갈 수 있는 역량을 갖게 되는 것이다. 국·영·수 공부를 부정하자는 것이 아니다. 하지만 우리의 아이가 보다 윤택한 삶을 살아가길 진정으로 바란다면 '물고기를 낚는 방법'이 무엇인지 부모가 알려주어야 한다. 예전에는 객관주의 방식의 교육이 성행해 교사가 지식을 잘 포장해서 아이에게 던져주면 그만이었다. 하지만 환경이 다양해지고, 복잡해지고, 개인의 생활 여건이 천차만별화 되면서 교육 방식 또한 바뀌고 있다. 기존의 객관주의 교육을 구성주의 교육이 대체하고 있는 것이다.

구성주의는 말 그대로 지식이 '공사 중Under Construction'인 상태를 말하며, 지식이 구성되는 과정을 중요시한다. 모든 사람의 배경과 환경, 경험해 온 내용이 다르기 때문에 똑같은 지식과 정보를 알려주어도 해석하는 방식과 과정이 달라진다. 이러한 과정을 통해 나온 결과와 지식은 당연히 사람마다 다를 수밖에 없다. 즉, 하나의 답만이 존재하는 과거의 방식과는 다르게 모든 사람들이 살아온 만큼이나 다양한 답이 존재하는 것이다.

이렇게 실제적 상황에서 체험을 통해 익힌 지식은 훨씬 지속적으로 오랫동안 아이에게 기억되며, 이후 유사한 상황에서의 응용력을 배가시켜 준다. 예를 들어 '가장 효과적인 교통수단을 이용한 등하교 방법은 무엇인가?'라는 질문을 했다고 하자. 여기서 교통수단이라는 단어에 대해 어떤 아이는 버스를, 어떤 아이는 자가용을, 어떤 아이는 지하철을, 또 어떤 아이는 자전거를 생각할 수 있다. 또한 효과적이라는 용어에 대해서도 어떤 아이는 가장 싼, 어떤 아이는 합리적인, 또 다른 아이는 가장 빠른을 떠올려 생각한다. 아이의 숫자만큼이나 다양한 경험과 지식들이 다른 답을 이끌어내는 것이다.

구성주의 교육에서 중요한 것은 항상 '선험(먼저 경험)과 문제해결력'이다. 우리가 살아가면서 어떤 상황이 닥쳤을 때 이전의 경험을 바탕으로 아이가 나름의 해결책을 가지고 얼마나 효율적으로 극복해나갈 수 있느냐를 가르치는 것이 선진학습이 추구하는 구성주의 방식이다. 어떤 상황에 부딪쳤을 때 자신이 알고 있는 지식을 기반으로 그것들을 얼마나 적절하게 유기적으로 조합하고 응용해서 문제를 풀어낼 수 있느냐가 현대의 교육과 지식의 핵심이다. 창의력 학습이라는 것도 결국 이러한 방식이다.

현재 우리나라 대기업 임원진이나 고위 공직자를 선발할 때는 문제를 던져주고 그 문제를 풀어내는 태도에서 능력을 평가한다. 토익이나 토플 같은 단편적인 지식을 요하는 게 아니다. 누가 '가장 효율적으로 누구나가 공감할 수 있게끔' 문제를 풀어낼 수 있는 능력을 가지고 있는지를 평가한다. 모든 평가와 모든 교육현장이 이렇게 바뀌고 있다. 그런데 바로 이러한 방식에 더없이 적합한 것이 경제교육이다. 경제교육은 통합적인 사고를 할 수밖에 없게 만든다.

- 우리 가족 경제에 대해 알아보기
- 나의 미래 직업에 대해 알아보기
- 협상 경험하기
- 투자하기
- 용돈 관리하기
- 벼룩시장에서 물건 판매하기

이러한 것들은 어느 하나도 단편적인 사고를 통해 해결할 수 없다. 모두가 통합적 사고와 교육을 요구한다. 경제교육은 이미 구성주의적이며, 실제적 경험을 중시해 아이를 미래지향적 지식인으로 성장시키는 교육이다.

　게다가 단순하게 대학입시만을 생각한다 해도 구성주의적 통합교육과 체험교육은 이제 대세가 되었다. 부모 시대에는 국·영·수를 잘해야 소위 명문대학에 진학이 가능했다. 그러나 요즈음은 대학입학을 위한 게임의 규칙이 바뀌었다. 시골 아이에게, 다문화 아이에게, 특기자들에게, 사업하는 아이에게, 특별한 재주를 가진 아이에게, 그리고 잠재적 가능성을 가진 아이에게 다양하게 입학의 기회를 부여하고 있다.

　근래 대학입시에 모집인원이 늘어나고 있는 입학사정관제가 이를 대표한다고 할 수 있다. 입학사정관제는 미래의 능력, 직업, 과거의 사회적 경험, 이력, 리더십 등 잠재력을 중심으로 선발되고 있다. 지금 초등학생들이 대학에 들어가는 5~10년 후에는 더욱더 확대될 것이 분명하다. 이래도 경제교육을 마다하고 국·영·수 위주의 교육에만 매달릴 것인가? 선택은 부모에게 달렸다.

다양성을 인정하고 함께 하는 법을 익힌다.
경제활동은 '함께'라는 대전제를 바탕으로 한다. 혼자서 교환을 할 수 없으며 혼자서 이익을 낼 수 없기 때문이다. 경제교육에는 항상 너와 내가 존재하고, 우리가 존재한다. 나는 우리 속에서 최선의 이익을 내기 위해 최선의 선택을 해야 한다. 또한 나 하나가 열심히 하는 것보다 우리가 함께 최선을 다하면 이익이 더욱 커지고 힘은 덜 들게 된다는 것도 경제 체험을 통해 자연스럽게 익힌다. 이것은 단순한 의미에서 일을 분담해서 하는 분업의 결합적 의미가 아닌, 내가 알고 있는 것과 네가 알고 있는 것의 조합의 결과, 나의 노하우와 너의 노하우의 결합의 결과이다. 함께 함으로써 발휘되는 1+1=3의 시너지를 말하는 것이다.

그런데 '함께'에서 발생하는 시너지의 조건은 '다름'이라는 전제 위에서 생겨난다. 사람들은 모두 다르다. 능력도 다르고 하는 일도 다르다. 그 다름들이 함께 모여 경제활동이 되는 것이다. 아이는 저마다 자라온 스토리와 생활환경이 다르다. 그렇기에 경제교육이 던져주는 한마디 한마디는 같은 말을 던져도 모든 아이가 각기 다르게 받아들인다.

'집'이라고 하면 어떤 아이는 아파트를, 다른 아이는 단독주택을, 또 다른 아이는 옥상의 단칸방을 떠올릴 것이다. 돈, 교통, 용돈, 저축, 선택 등 모든 것이 마찬가지이다. 이렇듯 경제교육은 아이의 다른 스토리와 환경을 무시하지 않고, 자신의 환경에 맞게 수용하도록 허용한다. 경제교육이 여타 교육과 차별되는 점이 바로 이 점이다. 획일적이지 않으며, 다르다고 해서 '틀렸다'고 보지 않는, 자신만의 정답이 있는 아이를 존중하는 교육이 바로 경제교육이다.

경계가 점점 사라져가고 있는 현 사회에서 다문화교육이 점점 중시되고 있다. 그런데 다문화교육의 가장 중요한 핵심 중 하나는 '너와 내가 다르다는 것을 인정하라'는 것이다. 다름이 틀림이 아니라는 것을 인정하는 것이다. 그렇기 때문에 경제교육은 다문화교육과도 통하고, 세계시민 교육과도 맥락이 닿아 있다. 획일적이지 않고 모두가 다르지만 그것 자체가 답이 되며, 그러한 다름과 다양성이 모여 보다 풍요로운 세상이 되는 것을 가르치는 것이 바로 경제교육이다.

물질만능주의의 가치관이 아이에게 발견될 때도 많다. 아이조차 어디에 살고 몇 평짜리 집에 살고, 어떤 차를 타고 다니며 어떤 신발을 신고 다니는

지를 가지고 사람을 평가하는 경우가 있다. 친구조차 그런 기준에 따라 가려 사귀기도 한다. 돈에 대한 이러한 왜곡된 가치관도 결국 제대로 된 경제교육의 부재에서 온 것이다. 경제교육 안에서는 다름을 인정하고 자신의 상황에서 답을 찾아가면 된다. 그 모든 것이 정답이 된다. 용돈을 떠올릴 때 10만원을 떠올리는 아이도, 3천원을 떠올리는 아이도 모두 맞다. 그저 자신이 갖고 있는 상황에서 거기에 맞는 발걸음을 옮기면 된다.

다름을 인정하고 자기를 있는 그대로 이해하고 안다는 것은 무척이나 중요하다. 그럴 때 다음 단계로 출발하고 노력할 수 있다. 그것을 가능하게 하는 교육이 바로 경제교육이고 맞춤형 교육이다.

내 아이를 위한 3개의 통장

PART 5
내 아이를 부자로 만드는 3개의 통장

내 아이를 부자로 만드는 3개의 통장

3개의 통장은 과연 내 아이의 미래와 직접적으로 어떤 연관성이 있을까? 여기에서는 3개의 통장으로 이루어내는 경제교육 효과와 실질적인 수익률에 대해 수치적으로 접근한다.

경제교육과 3개의 통장이 어떤 방식으로 복리의 마법을 이루어가는지 돋보기를 들고 찬찬히 따져보고자 한다. 내 아이의 미래를 위해 지금 시작했을 때 물질적으로 어느 정도의 수익을 올릴 수 있는지, 정신을 얼마나 풍성하게 만드는지 알게 될 것이다.

이제부터 우리는 막연한 믿음과 희망으로 내 아이의 미래를 방관해서는 안 된다. 영국의 유명한 사회비평가인 존 러스킨은 "일을 바르게 처리하는 방법은 한 가지뿐이지만 일을 바르게 보는데도 한 가지 방법뿐이다. 곧 일 전체를 보는 것이다"라고 말했다.

전체를 보는 거시적 안목으로 준비하는 삶이 미래를 바르게 이끌어가는 방법인 것이다. 현재 내 아이의 생활만을 염려하지 말고 다음 세상을 내다보며 깊고 넓게, 아이의 미래를 만들어가는 현명한 부모가 되자.

01
3개의 통장이 열어주는 윤택한 미래

아이가 미래에 부자로 살아가기 위해 반드시 뒷받침되어야 하는 것들이 있다. 바로 다음과 같은 환경조성이다.

첫째, 부모가 기초적 경제지식을 가져야 하고, 이를 바탕으로 평상시 생활에서 아이에게 도제적 교육을 통해 롤모델로서 행동할 수 있어야 한다.

둘째, 아이가 평소 생활에서 보고, 듣고, 배우는 경제를 재미있어 하고, 호기심을 가지고 스스로 세상을 탐구해 나가는 자기주도적 환경을 조성할 수 있어야 한다.

셋째, 부모는 아이가 주관을 가지고 직접 선택을 할 수 있는 환경을 제공해주어야 하며, 아이의 선택을 믿고 격려하며 신뢰와 자신감

을 심어줘야 한다.

넷째, 아이가 독립하기 전까지 지원할 수 있는 경제적 환경을 조성해 부모의 지원을 바탕으로 아이 자신이 부가가치를 더할 수 있는 생산적 환경을 개척해가야 한다.

다섯째, 아이가 취업이나 사업 혹은 예술가가 되든 어떤 직업을 갖든 성인이 되어 경제적 자립을 한 후에는 그 분야에서 지속적인 도전과 창조를 통해 인정받는 '기업가적起業家的 환경'을 만들어내야 한다.

이러한 기업가정신이 십분 발휘되는 성장의 밑바탕이 바로 3개의 통장이다. 이것이 맞물려야 제대로 된 경제교육의 효과를 이룰 수 있다. 즉 3개의 통장만 마련했다고 해서 모든 경제교육이 끝난 게 아니라는 말이다.

자녀가 미성년자일 때는 부모가 아이에게 경제교육과 동기부여를 하며, 물질적 투자를 지원한다. 아이에게 제공한 경제교육과 동기부여는 성인이 되어가면서 실제적 부가가치를 만들어내며, 경제적 측면에서 부모의 역할을 점차 대체해 나간다.

자녀가 청년이 되었을 때는 스스로 경제적 활동을 통해 부모의 부담을 일정 부분 나눠 갖는다. 부모의 경제적 지원은 자연스레 줄어든다. 성인이 되었을 때 자녀는 독립의 기틀을 마련하며 부모의 부담을 대부분 대체한다. 신구세대의 경제적 환경이 자연스럽게 연결되면서 아이가 어른이 되면 사회적으로 인정을 받으며, 경제적 여유를 지닌 부자로서 윤택한 삶을 살아가게 된다.

 이러한 성장 환경을 꿰뚫는 인생의 초반에 가장 중요한 바탕이 바로 기업가정신이다. 끊임없이 배우고 도전하고, 새로이 창조하는 기업가적 기질을 십분 발휘할 수 있는 아이는 부모의 보호를 떠나 세상에서 자신 있게 제 역할을 해낸다. 이러한 기업가적 기질을 양성함에 있어 자신감을 제공하는 한 축이 바로 앨리스의 3가지 마법이다.

★ 앨리스 마법의 실천과 효과

우리는 지금까지 3개의 통장을 통해 아이의 미래를 어떻게 준비할 것인지 알아보았다. 이제 그 과정을 점검해보자. 다음과 같이 실천과정을 기록함으로써 앨리스의 효과를 느낄 수 있다.

 이렇게 3개의 통장을 키워가면 정말 이이기 경제적 풍요를 획득할 수 있을까? 3개의 통장의 수익률을 13%로 상정해 앞으로 성인이 되었을 때 얻는 금액을 계산해보자. 일반인이 금융투자를 통해 이 정도의 수익을 올리기는 어려우나 앨리스를 통해 경제의 흐름을 익힌 내 아이라면 충분히 가능하다.

앨리스 마법 관리 TABLE

구분		1월	2월	3월	....	10월	11월	12월
자녀선택	적금							
	금							
	주식							
부모지원	적금							
	금							
	주식							
투자금액(a)								
월 투자이익(b)								
월 총액(a+b)								
분기 누적								

3개의 통장 기록하기

1 매월 적금, 금, 주식 중 자녀가 투자하겠다고 선택한 곳에 ○ 표시를 한다.

2 자녀의 의견을 바탕으로 부모와 최종 합의한 곳에 금액을 표시한다.

3 매월 투자된 총금액을 [투자금액](a) 란에 적는다.

4 1개월 후 다음 달 투자 전에 해당 월의 투자이익을 [월 투자이익](b) 란에 적는다. 손해가 났으면 △를 앞에 쓴 후 손실금액을 적는다.

5 [투자금액](a)과 [월 투자이익](b)을 합산한 금액을 [월 총액](a+b) 란에 적는다.

6 매 3개월마다 합산해 3개월의 누적금액을 [분기누적] 란에 적는다.

7 1년마다 [투자계] 란을 합산해 기록한다.

8 1년이 지난 후 월별 투자 성향, 성공과 실패의 원인, 주로 투자하는 투자처의 성향 등을 아이와 함께 이야기한다.

9 이를 바탕으로 내년도 투자 계획을 함께 세운다.

앨리스 투자금액에 따른 연령별 수익률 수치

자녀가 미성년자일 때, 자녀의 투자금액이 실질적으로 없다 해도, 앞서 말했다시피 얼마 정도 용돈에서 대체하고 있음을 주지시키자. 그래야 자녀가 자신의 통장임을 인식하고 애정을 쏟는다.

• Basic Table 1 (투자액 초기 35만 ~ 성인 55만)

[단위 : 천원]

자녀연령	투자금액 부모	투자금액 자녀	월 투자금	총 투자금	자산 총액 (투자수익 13% ave)
8~17세	350	0	350	42,000	87,420
18~27세	300	150	450	96,000	409,151
28~37세	150	400	550	162,000	1,526,265

• Alternative Table 2 (투자액 초기 55만 ~ 성인 75만)

[단위 : 천원]

자녀연령	투자금액 부모	투자금액 자녀	월 투자금	총 투자금	자산 총액 (투자수익 13% ave)
8~17세	550	0	550	66,000	137,374
18~27세	450	200	650	144,000	628,679
28~37세	250	450	750	234,000	2,321,421

★ 투자금액에 따른 연령별 수익률 수치

투자수익 목표를 평균 13%로 상정했다. 일반적인 재테크 책의 경우 10~15% 사이의 높은 수익을 올리는 방법을 통해 자녀를 위한 목돈 마련에 초점을 두고 있다. 하지만 이러한 방식으로 목돈은 마련될 수 있을지 몰라도 아이에게는 스스로 살아갈 수 있는 경제적 주체성과 독립성을 확보해주지는 못한다. 왜냐하면 부모 위주의 투자를 했기 때문이다. 이러한 상태에서 아이에게 주어지는 목돈은 등록금이나 결혼자금 등 말 그대로 부모를 위한, 부모의 경제적 부담을 줄이기 위한 목돈에 지나지 않는다.

이렇게 동기부여나 경제교육 없이 성장을 한 자녀는 뒤늦게 경제 세상에 첫발을 내딛으며 부딪쳐 가야 한다. 그때 경제적 뿌리가 갖춰지지 않은 아이는 당연히 낙담할 수밖에 없고, 대개는 청소년 신용불량자, 88만원세대, 니트족NEET: Not in Education, Employment or Training(일하지 않고 일할 의지도 없는 청년 무직자)과 같은 경제 낙제생으로 전락하기 쉽다.

따라서 우리의 목표는 아이의 등록금 마련이나 결혼자금 등을 위한 목돈 마련이 아니다. 내 아이의 경제적 뿌리를 만들기 위한 자산으로서의 재테크이다. 이를 위해서는 목돈도 필요하지만 그보다 중요한 것은 자녀가 경제 세상을 바라보고 살아갈 수 있는 강력한 지식 도구를 가지는 것이 더 중요하다. 이미 남들과 다른 경제적 시각과 재테크 관념을 가진 아이는 일반 아이보다 경제 환경에서 올바른 결정을 할 가능성이 훨씬 높기 때문이다.

자녀교육과 재테크 방법을 통해 자란 아이가 사회의 주류로 활동할 때쯤 직업을 통해 벌어들이는 수입 외에 3개의 통장이 부지런히 15억원([표 2]의 경우 무려 23억원)에 달하는 돈을 벌어들이며 경제활동을 함께 해 나간다. 이렇게 탄탄한 경쟁력을 가진 자녀라면 자신의 일도 소신과 자신감을 가지고 임하며, 인정받고 성공할 확률이 높아진다.

상상을 해보자. 현재 경제생활을 열심히 하고 있는 우리에게 15억원의 통장이 있고, 그 통장에서 매년 추가 이익이 발생하며 원금이 계속해서 자라고 있다면? 당연히 사회생활에 정신적 윤택함을 맛보며 어찌 행복과 자신감이 생기지 않겠는가! 우리가 상상하는 그 행복감을 자녀가 경험하는 것이다. 이것이 바로 부모의 바람직한 노력에서 비롯된 결과이다.

앨리스와 함께 하는 내 아이 부자 만들기 테이블

• **Basic Table**

[단위 : 원]

투자금 (35-45-55)		1년(8세)	5년(12세)	10년(17세)	15년(22세)	20년(27세)	25년(32세)	30년(37세)
목표 13%	원금	4,200,000	21,000,000	42,000,000	69,000,000	96,000,000	129,000,000	162,000,000
	당해년도수익	546,000	3,538,228	10,057,183	23,078,858	47,070,449	92,284,324	175,587,958
	원리금	4,746,000	30,755,364	87,420,129	200,608,533	409,150,830	802,163,741	1,526,264,555
목표 10%	원리금	4,620,000	28,205,562	73,630,902	154,847,597	285,647,898	504,361,822	856,602,785

• **Alternative Table**

[단위 : 원]

투자금 (55-65-75)		1년(8세)	5년(12세)	10년(17세)	15년(22세)	20년(27세)	25년(32세)	30년(37세)
목표 13%	원금	6,600,000	33,000,000	66,000,000	105,000,000	144,000,000	189,000,000	234,000,000
	당해년도수익	858,000	5,560,072	15,804,145	35,689,107	72,325,860	140,837,626	267,066,113
	원리금	7,458,000	48,329,858	137,374,489	310,220,697	628,678,630	1,224,203,977	2,321,420,826
목표 10%	원리금	7,260,000	44,323,026	115,705,703	238,726,949	436,853,897	763,998,059	1,290,867,005

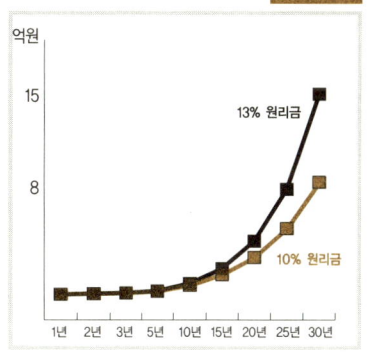

02 또 하나의 재테크, '증여세'

우리는 아이를 위해 매달 35만원씩 투자를 하기로 했다. 5만원은 아이에게 주어서 3개의 통장에 각각 1만원씩 넣고 아이가 선택한 통장에 2만원을 추가로 넣는다. 그리고 부모는 15만원을 복리식 적금통장에 넣고, 아이가 선택한 금 또는 주식통장으로 투자결정을 지지하는 차원에서 15만원을 추가로 넣어준다. 그렇게 되면 매달 적금통장에 16만원씩, 금 또는 주식통장에는 1만원과 18만원이 적립된다.

구 분	아이	부모	합
금	3	15	18
주식	1		1
적금	1	15	16
합	5	30	
총합	35		[단위 : 만원]

이렇게 장기적으로 관리되어 쌓인 자산은 훗날 자녀에게 전달될 때 부모는 또 하나 걱정을 하게 된다. 바로 증여세의 문제이다. 증여세란, 무상으로 재산을 양도받은 사람이 아무런 대가없이 얻은 불로소득에 대해 부담하는 세금이다. 증여세는 원칙적으로 증여 받은 사람이 내야 하지만 증여한 사람이 대신 납부해야 될 경우도 있다. 이를테면 미성년자인 자녀에게 증여를 한다면 부모가 자녀의 증여세를 내야 한다. 증여세의 공제 범위는 미성년자의 경우 증여재산의 공제 한도가 10년 이내 1,500만원, 성인인 직계존속엔 10년간 3,000만원까지 면세된다. 통념적으로 인정되는 용돈이나 교육비의 경우에는 증여세 걱정을 하지 않아도 된다.

우리의 통장에는 매달 얼마씩 자녀에게 제공한 금액이 명확히 표기된다. 바로 용돈이라는 개념이 통장을 통해 드러나 있는 것이다. 이는 한꺼번에 재산을 증여하는 것과 다른 개념이다. 게다가 통장의 불어난 이익금에 대해서도 걱정을 하지 않아도 된다. 증여세는 불어난 이익이 아닌 직접 제공한 액수만을 고려하기 때문이다.

따라서 어려서부터 꾸준히 아이에게 사회적 통념 범위 내에서 용돈과 교육비를 제공한 것이라면 염려하지 말고 부지런히 투자와 교육을 제공해 이익을 열심히 불리도록 하자. 이 또한 훗날 증여세를 걱정하지 않아도 되는 훌륭한 재테크의 방법 중 하나가 되는 것이다.

위에서 설계한 내용대로 아이에게 교육적 개념의 용돈을 지급해 그 금액이 불어난다면 증여세 절세로 인한 이익 효과는 기간고려혜택이 약 2억 9천만원, 총액대비혜택이 약 5억 2천만원에 달하는 어마어마한 금액이다. 기간고려혜택이란 앞서 말한 증여세 공제범위 내의 혜택으로 미성년자 1,500만원, 성년자 3,000만원의 공제를 고려한 연차별 증여세 절감 혜택의 총합이며, 총액대비혜택은 총원리금에서 총투자금을 제외한 금액에 대한 증여세 절감 혜택을 말한다.

이를 바탕으로 미성년자에게 투자 시 증여세 혜택을 살펴보자. 미성년과 성년을 나눠 초기 투자를 8세부터 하면

8~17세까지 10년간 1,500만원 면제,

18~19세까지 2년간 300만원 면제,

20세~29세까지 10년간 3,000만원 면제,

30세~37세까지 8년간 2,400만원 면제가 된다.

이러한 기간별로 아래의 금액 구간을 적용해 계산하면 20~29세까지는 66,741,242원, 30~37세 사이는 229,180,296원의 증여세 절감 효과가 생겨 누적금액으로 총 295,921,538원이 절감된다. 그리고 원리금 총액 1,526,264,555원을 일괄 증여했다고 한다면 30억 이하 구간이므로 세율을 40% 적용한 후 누진공제 금액 6,000만원을 제외하면 521,705,822원에 이르는 증여세 절감효과를 볼 수 있다. 부모가 자식에게 1,526,264,555원을 일괄 증여하는 경우 세법상 3,000만원은 증여액에서 기본 공제되므로 (1,496,264,555×0.4)−160,000,000 = 438,505,822원 이라는 증여세를 내야 하는데 3개의 통장을 통해 생긴 수익의 경우는 내지 않으므로 이만큼의 감면 효과가 있다.

* 참고 : 3개월 이내 자진신고는 10% 감면된다(3개월 이내 자진신고 시 최종 세액 = 394,655,240원).

금액 구간별 공제금액과 증여세율

적용연도	과세표준	세율(%)	누진공제
2000. 1. 1.~ 2010. 12. 31	1억 이하	10	0
	5억 이하	20	1,000만원
	10억 이하	30	6,000만원
	30억 이하	40	16,000만원
	30억 초과	50	46,000만원

연령별 연간 투자금액

연령	월간 액수	비율	연간 액수
8~17세	350,000	부모 : 35만원	4,200,000
18~27세	450,000	부모 : 30+자 : 15만원	5,400,000
28~37세	550,000	부모 : 15+자 : 40만원	6,600,000

증여세 절감 금액

연령	인정액	비율	증여세
8~17세	15,000,000	87,420,129	-
18~19세	3,000,000	37,203,894	-
20~29세	30,000,000	413,706,212	66,741,242
30~37세	24,000,000	987,934,320	229,180,296
누적금액	72,000,000	1,526,264,555	295,921,538 (산술혜택)
일괄 증여시	72,000,000	1,526,264,555	521,705,822 (단순혜택) : (총금액-인정액)×40% 누진공제

03 다들 하니까 똑같은 교육을 할 것인가?

지금 3개의 통장을 만들고 경제교육을 시키는 이유는 아이의 윤택한 미래를 위해서이다. 하지만 그 미래가 구체적으로 어떤 모습으로 다가올지는 아무도 모른다. 내일조차 내다볼 수 없는데 먼 미래의 자식의 일까지 계획대로 이루어지라는 법은 없다. 그래서 우리는 더욱더 만반의 준비를 갖추어야 한다. '미래는 준비된 자의 것'이라는 보편적 진리를 믿으며, 미래에 대한 꿈꾸기를 게을리 해서는 안 된다.

아이 역시 부모와 마찬가지이다. 미래를 그려가는 꿈을 한순간도 놓치지 말아야 한다. 꿈꾸는 자는 어느새 그 꿈과 닮아가기 때문이다. 물론 아이의 꿈과 목표는 항상 그 모습이 변하기 마련이다. 살아가며 새로운 자극을 받고, 높은 안목이 생기고, 도전을 거듭하면서 수시로 꿈을 바꾸며, 좋아하는 것, 잘할 수 있는 것을 알고 목표를 수

정해 나간다. 이러한 과정을 거듭하면서 아이의 꿈은 더 구체화되고, 본격화된다.

일찍이 미래에 대한 목표가 있는 아이가 성공 확률이 높다는 것은 이미 잘 알려져 있다. 실제로 이러한 예를 증명하는 구체적인 연구결과도 있다. 1953년 미국 예일대학에서는 졸업반 학생들을 대상으로 삶의 목표가 얼마나 확고한지에 대해 조사를 했다. 이에 67%의 학생은 뚜렷한 목표가 없었고, 30%는 목표는 있지만 구체적인 전략이 없었으며, 오직 3%만이 자신의 목표와 구체적인 방향을 적어두었다. 그 후 20년이 지나 연구팀은 당시 학생들을 찾아 삶의 질을 확인했는데 그 결과는 모두의 예상과 일치했다. 구체적 목표를 세우고 글로 적어둔 3%는 나머지 97%가 모은 것보다 훨씬 많은 재산을 모았을 뿐 아니라 인생이 무척 행복했다.

이러한 예를 보면 부모가 아이의 행복한 미래를 위해 무엇을 해야 하는지 알게 된다. 아이가 지속적으로 꿈을 꿀 수 있도록 자극제를 주는 것, 자녀의 재능을 보완하고 구체적인 목표를 설정할 수 있도록 도와주는 것! 다시 말해 아이에게 흥밋거리를 제공하며 스스로 미래를 설계해 나가도록 독립성을 유지해주는 것이다.

그러나 대부분의 부모들은 자녀와 객관적인 거리두기가 쉽지 않다. 부모 자신이 하고 싶던 일에 대한 미련이 자녀를 자신의 아바타인 양 조정하려 들기 때문이다. 미리 자녀의 모든 인생플랜을 짜놓고 선택의 여지없이 정해진 엘리트 코스를 걷도록 종용한다. 그러면 아이는 어느새 의지와 의식은 사라지고 맹목적인 '부모바라기'가 된다.

마치 레밍이라는 쥐의 우화처럼 말이다.

스칸디나비아반도 북쪽에 사는 레밍이라는 쥐 무리는 주기적으로 절벽으로 뛰어들어 집단자살을 한다. 그저 우르르 이유 없이 달려가던 쥐 무리에서 한 마리의 쥐가 물었다. "왜들 뛰어가는 거죠?" 그러자 누군가 대답했다. "몰라. 다들 가니까 나도 가는 거지." 그들은 결국 절벽 아래로 떨어져 죽게 되는데, 혹시 이처럼 어리석은 쥐 무리에 내 아이가 있지 않을까 고심해야 한다. 아이에게 선택의 기회를 미리 차단해 레밍의 쥐처럼 의지 없는 아이로 만드는 건 아닌지 돌아봐야 할 때이다. 그래서 자녀가 미래를 설계할 시기에 부모는 욕심과 미련을 버리는 훈련도 같이 해야 한다. 그런 후에 다음과 같이 아이가 목표를 설정할 수 있는 시간을 준다.

먼저 아이에게 좋아하는 것, 꼭 이루고 싶은 것들을 종이에 적게 한다. 그것이 아주 엉뚱한 것이라도 절대 핀잔주지 말고 있는 그대로를 인정한다. 그리고 그 꿈을 이루려면 어떻게 해야 할까에 대한 질문을 던진다. 그러면 그것이 바로 목표가 된다.

목표는 단기목표, 중기목표, 장기목표가 있다. 아이에게 각기 다른 크기의 풍선 3개를 그리게 해서, 작은 풍선에는 지금 당장 할 수 있는 일(단기목표)을 적게 한다. 중간 풍선에는 중간 과정에 할 수 있는 일(중기목표)을, 제일 큰 풍선에는 마지막 최종 목표를 적게 한다. 목표는 아주 구체적으로 정해서 반드시 글로 써야 한다. 또 그 목표를 이룰 시점도 1개월 후, 2개월 후, 6개월 후, 1년 후, 5년 후 등으로 구체적으로 적는다. 그 다음에는 그 목표들을 이루기 위해 해야 할 실행 과제들을 생각해보게 하는 것이다.

반기문 유엔 사무총장은 학창시절 백악관에서 케네디 대통령을 만난 일이 글로벌 리더로 성장할 수 있었던 큰 원동력이 되었다. 이처럼 직접적인 자극은 아이의 목표에 힘을 실어주는 좋은 에너지이다. 예전에 한 어머니는 방송국 PD가 꿈인 자녀를 위해 방송국 PD를 만나게 했고, 또 한 어머니는 아이가 가고 싶어 하는 대학 캠퍼스에 종종 놀러간다. 이렇게 미리 그 꿈을 접하게 하는 것은 아이에게 아주 좋은 자극제가 된다.

비단 이것만이 아니다. 꿈이 없던 아이를 꿈꾸게 하는 방법도 있다. 경제교육 프로그램 가운데 '글로벌 경제캠프'가 있다. 여기에 참여한 아이 중 몇몇은 중국 상하이에 머물며 기업가가 되는 꿈을 키웠다. 세계적인 기업들이 모인 빌딩숲을 보며 글로벌 리더가 되는 상상을 하고, 중국 유학의 목표를 가지며 중국어 공부에 의욕을 보였다. 나는 이처럼 아이의 변화를 지켜보면서 이제는 아이의 꿈이라고 아이 혼자 키우도록 내버려둬서도 안 되고, 지나치게 간섭해서는 더욱 안 된다는 것을 새삼 깨달았다.

한 발자국 뒤로 물러서 아이가 꿈을 잃지 않고 나아갈 수 있도록 다양한 체험의 기회를 제공하며 격려해주는 것! 그것이 진정 미래의 글로벌 리더를 키우는 부모의 자질이다.

04
행복한 부자,
'나눔과 경제윤리'를
가르치자

    세계 부호들에 대한 최근의 화두는 무엇일까? 누가 '얼마를 기부했다더라' 하는 것이다. 2010년 빌 게이츠와 워렌 버핏은 기빙플레지 The Giving Pledge라는 단체를 설립해 억만장자들을 대상으로 재산의 50% 기부운동을 벌이고 있다. 재산의 반이나 되는 돈을 군말 없이 내놓으라니 이게 가능할까 싶지만, 실제로 많은 유명인사들과 부자들이 이 운동에 동참하고 있다.

    사실 아이에게 돈 버는 것을 알려주는 것도 중요하지만 가치 있게 내주는 법을 가르치는 것도 부모의 중요한 몫이다. 경제교육의 근본은 '일상생활에 필요한 재물의 생산, 지혜로운 분배, 현명한 소비'의 지속적 조화와 발전을 도모하는데 있다. 지나치게 한쪽에 치중하는 경제활동을 한다면 미시적으로는 개인의 가치관과 윤리관이 무너져 불행

을 초래할 수 있고, 거시적으로는 국가의 소득균형이 깨져 경제발전을 저해하는 요소로 작용한다. 나라의 경제발전이 저해되면 개인의 생산활동도 무너져 생각만큼 많은 부를 얻을 수 없다.

이러한 목적을 달성하기 위해서는 '효율과 형평'이라는 경제행위를 일깨워야 한다. 즉 버는 것과 쓰는 것의 균형 있는 조화인 나눔의 경제를 알아야 행복한 부자가 될 수 있다. 경제적 자립성을 키워주겠다고 내 아이를 스크루지로 만들 필요는 없지 않은가! 기부라는 경제행위에 눈뜨게 해 즐겁고 가치 있게 돈을 쓰는 기술을 가르쳐주자.

하지만 아직까지 우리 모두는 내 것을 내주는 일에 서툴다. 지금까지 우리의 경제활동은 단순히 돈과 이익으로 대변되는 경제에 초점이 맞춰져 있었기 때문이다. 게다가 일부 어린이 경제교육서 중에는 10% 이상 기부하도록 종용하는 경우도 있어 기부를 매우 부담스럽게 만들기도 한다. 현재 우리나라 기부율이 수익의 1%도 미치지 못하는 마당에 10%를 기부하라니? 이는 비현실적인 제안이다. 그렇기 때문에 아이에게 나눔의 경제를 익숙하게 하기 위해서는 단계적인 학습이 필요하다.

그 첫째가 세금에 관한 이해이다. 복리식 적금통장이나 금통장을 통해 아이는 세금이라는 개념에 대해 의아해할 것이다. "내가 열심히 모은 돈인데 왜 거두어가지?", "내가 낸 돈들은 어떻게 되는 거지?" 등의 의문을 갖는다. 그러므로 세금의 용도를 설명할 필요가 있다. 세금으로 공공근로사업과 복지, 국가유지·관리가 이루어진다는 걸 안다면 아이는 자부심을 가지고 일정 부분 내어주는 것에 관심을 갖는다. 그런 후 더 확대된 의미의 나눔에 대해 이야기해주면 된다.

다양한 미디어 매체를 통하거나 기부단체를 통해 눈으로 익히게 하며 '세상은 다른 사람과 함께 살아가는 것'이라는 의미와 개념을 일깨워준다. 결코 "우리도 도와주자! 그러니 네 돈 좀 기부해"와 같이 명령식 표현으로 이야기하면 안 된다. 아이가 먼저 의사를 밝힐 수 있도록 의문형으로 질문하고, 금액도 스스로 정해서 내도록 한다. 그래야 아이가 강요 없이 누군가에게 도움을 주었다는 사실에 보람을 느낀다.

★ 변하지 않는 자신의 가치, 재능을 기부하게 하자

자신이 가진 또 다른 능력을 나누는 기부! 재능기부에 대한 관심이 매우 높다. 콘서트나 무료 공익광고를 통해 재능을 기부하는 유명 연예인들은 물론 전공 분야를 살려 재능캠페인에 적극 참여하는 사람들이 늘었다. 시각장애인을 위한 목소리 기부, 대학교수나 연구원들이 지방에서 하는 무료강연, 저소득층 아동들에게 그림이나 음악을 가르치는 대학생들, 노인정에서 음식을 만들어주거나 영정사진을 무료로 찍어주는 사람들 등등. 자기에게 있는 작은 재주라도 남을 위해 쓰고자 하는 마음은 무엇보다 값진 기부이다. 마음과 마음을 나누는 기부의 참된 가치를 실현하고 있기 때문이다.

아이가 실천할 수 있는 재능기부 방법은 다양하다. 동네의 어린 학생을 가르치거나 함께 놀아주기를 할 수 있다. 초등학교 5학년 아이가 동네 공부방에서 2, 3학년 아이를 가르쳐줄 수 있으며, 때로는 자신이 재능기부를 받는 입장이 될 수도 있다. 요즘처럼 형제가 없는 아이에게 이러한 재능기부 경험은 특별한 기억으로 남는다. 얼마간의 돈을 기부하는 것보다 훨씬 더 큰 보람으로, 기부라는 것의 진정한 가치와 더불어 자신의 가치도 함께 깨달을 수 있다.

가치를 깨닫는 방법은 '얼마만큼의 재산을 가지고 있느냐'가 아니라 '내가 얼마나 필요한 존재이냐'에 있다. 진정 행복한 부자는 자신을 필요로 한 존재로 만들 줄 아는 사람이다. 이렇듯 내 자녀의 가치를 깨닫고 올려줄 수 있는 경제교육이 바로 재능기부이다.

05 소비자의 눈만으로는 부족하다

"선생님, 현명한 소비생활을 하려면 어떻게 해야 하나요?"

강연 중 한 아이가 물었다. 초등학교 4학년 아이는 요즘 한창 사회 교과서에서 '현명한 소비생활 및 도시'에 관해 공부한다고 말했다. 나는 아이의 당찬 질문을 받고 교과서적인 대답을 해야 할지 고민하다가 이렇게 대답했다.

"현명한 소비를 하려면, 소비자로서 생각하는 버릇을 버려야 해!"

아이에게는 다소 어려운 말이긴 했지만 교과서와는 달리 근본적인 기업 마케팅의 원칙을 알려주고 싶은 마음에서였다. 내 대답을 들은 아이는 한참 의아해했다. 나는 그런 아이를 위해 다음과 같이 설명을 곁들였다.

사람들은 모두 똑똑한 소비자가 되고 싶어 한다. 소비도 은근한

경쟁이 있어 내가 누구보다 잘사면 그것만큼 행복한 일이 없다. 가격을 잘 따져보고, 성능을 따져보고, 하루 종일 발품 팔아가며 기어이 마음에 드는 물건을 고르면 인터넷 용어로 '득템했다'고 한껏 기뻐한다. 그만큼 현명한 소비는 개인의 자긍심을 올려주는 중요한 요소이다.

이렇게 현명한 경제생활을 해나가기 위해 아이에게 소비자교육을 먼저 시킨다. 현명한 소비를 하기 위해서는 먼저 구입품목을 정하고, 우선순위를 정하고, 물건을 비교하고, 판매원에게 현혹되지 말고 등등 소비자의 자세를 충분히 설명한다. 소비자의 자세를 갖춰야 현명한 판단도 할 수 있는 법이다. 올바른 소비자의 자세는 올바른 구매법으로 이어진다. 하지만 올바른 소비자의 자세를 만들기 위해서는 무엇보다 우리를 소비하게 만드는 생산자의 방법을 파악해야 분별력이 생긴다.

진정 현명한 소비자가 되기 위해서는 소비자 위주의 시각에서 벗어나 생산자의 시각을 가져야 한다. 아이 역시 생산자의 시각으로 세상을 보는 습관을 갖도록 미리부터 훈련시켜야 한다. 소비자의 시각에서는 절약하고 아끼는 것이 우선이겠지만 생산자의 시각에서는 보다 많은 수익 창출을 위해 어떻게 구입 욕구를 자극할 것인지 끊임없이 연구한다. 그렇게 생산자의 입장에서 생각하게 하는 교육을 통해 마케팅이라는 개념을 깨닫게 되고, 합리적인 소비에 눈을 뜬다.

생산자의 시각을 갖는 가장 좋은 방법은 아이가 직접 돈을 버는 경험을 하는 것이다. 돈을 벌어본 아이는 자연스럽게 생산자의 시각을 갖게 되지만 어린아이일 경우 그게 쉽지 않다. 이럴 때에는 소꿉놀이나 홈쇼핑 놀이를 이용하면 된다. 아이가 물건을 파는 입장이 되어 어떻게 물건(자원)을 배치해야 좋은지, 어떠한 노력으로 손님의 마음을 유혹할 것인지를 고민하도록 유도해야 한다.

그리고 실제로 대형마트나 시장을 방문할 때 생산자의 홍보 방법을 짚어가며 아이에게 설명해주자. 이러한 학습 과정이 지나면 아이는 생산자의 판매 전략에 휘둘리지 않고 합리적이고 고차원적인 소비가 가능해진다.

★ 백화점 속에 감춰진 생산자의 진실

백화점에서 우리는 엘리베이터보다는 에스컬레이터를 많이 탄다. 엘리베이터는 구석에 있어 찾기 어려운데 비해 에스컬레이터는 중앙에 위치해 바로 한눈에 들어오기 때문이다. 또한 백화점 엘리베이터는 유독 느려 자주 오지 않는데다 한 번 오면 사람들로 꽉꽉 들어차 있다. 그래서 대부분 사람들은 에스컬레이터를 타며 굳이 지나치지 않아도 될 층도 돌아보게 되는 것이다. 여기에 생산자의 시각이 숨어 있다.

짐작하다시피, 생산자 입장에서 고객이 자기 볼 일만 얼른 보고 가버리는 것은 손해다. 견물생심이라고 물건 하나라도 더 구경해야 구매 욕구도 자연스럽게 생기기 마련이니까. 그래서 시야가 차단되는

엘리베이터는 느리고 불편해서 잘 이용하고 싶지 않게 만들어놓은 것이다. 반면 에스컬레이터를 타면 어떤가! 자연스럽게 주위를 둘러보게 되고, 뭔가 눈에 띄는 층이 있으면 바로 내려 구경할 수 있도록 했다. 소비자가 천천히 구경하며 올라가기를 바라는 생산자의 숨겨진 의도가 적나라하게 드러나는 셈이다.

생산자의 전략은 여기가 끝이 아니다. 없는 게 없다고 해도 과언이 아닌 백화점에는 유일하게 두 가지가 없다. 잘 알려진 것처럼 창문과 시계이다. 백화점의 이용객은 주로 주부이다. 주부들은 해가 지거나 날씨가 궂어지면 마음이 급해진다. 널어놓은 빨래도 걱정되고, 귀가할 남편과 아이도 걱정되고…. 해가 뉘엿뉘엿 넘어갈수록 불안해지는 마음 때문에 쇼핑이 제대로 될 리 없다. 그래서 백화점은 과감히 창문과 시계를 없애버렸다. 주부들이 시간 가는 줄 모르고 쇼핑에 집중할 수 있도록 환경을 조성한 것이다.

이러한 백화점의 환경은 매장 위치 하나까지도 고심하며 만들었다. 백화점에 들어가 제일 먼저 눈에 띄는 매장은 뭘까? 주로 화장품, 액세서리나 잡화, 명품 매장들이다. 패션, 잡화와 같은 카테고리는 충동구매의 유혹이 많은 품목이다. 그래서 누구나 지나다니며 구매할 수 있도록 아래층에 위치한 반면 가전이나 가구와 같이 계획적인 소비가 많은 품목들은 고층에 위치하고 있는 것이다. 결론적으로 층이 낮을수록 해당 품목들은 충동구매가 쉬운 물건들의 순서라고 보면 된다.

아래층에 충동구매가 쉬운 품목을 두는 이유는 또 있다. '충동구매

를 하지 않으리라' 다짐하며 오는 소비자들을 상대해야 하기 때문이다. 가령 1층에서 충동구매를 이겨낸 소비자들은 스스로에 대해 무척 관대해진다. 그래서 다음 층에 올라 다른 제품을 구경할 때 재차 구매 의욕이 발생하면 이때는 '그래, 아까 화장품은 잘 참았으니까 이거 하나쯤은 사도 괜찮아'라는 심리를 갖는다. 1차 충동구매를 잘 이겨낸 일종의 칭찬 스티커라 할 수 있다. 하지만 결국 집에 돌아와서 깨닫는 건 또 충동구매를 했다는 사실이다.

이렇게 연신 꺼지지 않는 구매욕구는 백화점의 조명과도 연관이 깊다. 백화점은 조명을 아낌없이 이용해 실내를 환하게 밝힌다. 사람은 밝은 환경에서 기분이 좋아지고 편안해지기 마련인데, 바로 그러한 심리를 이용해 쇼핑을 더 오래 하게 만드는 것이다. 게다가 백화점 통로가 널찍한 것도 고객의 편안한 심리를 유도하기 위해서다. 이처럼 백화점의 모든 환경들은 소비자의 지갑을 열게 하려는 생산자의 의도가 숨어 있다.

따라서 백화점을 이용할 때 이러한 점을 아이에게 설명하면 아이는 새로운 시각으로 백화점을 바라본다. 처음 백화점의 숨겨진 판매 전략을 모를 때 아이는 자신이 경험했던 것과 소망하는 것에 집착하지만 돌아와서는 판매자의 입장에서 생각하게 되고 조금씩 자제력을 키워나간다. 이것이 바로 생산자의 입장이 되어 배우는 현명한 소비자의 자세이다.

★ 대형마트의 선반을 살펴보자

"아니, 넌 어디서 이러한 장난감을 귀신같이 찾아오니?"

대형마트에서 가장 곤란한 경우는 아이가 물건을 사달라고 조를 때이다. 도대체 아이는 왜 물건을 잘 보는 것일까? 부모들이 못 보는 아이의 시각, 그곳에 또 하나의 판매 전략이 숨어 있다.

생산자는 아이의 눈높이를 의식해 낮은 곳에 아이가 좋아할 물건들을 배치한다. 그래서 부모는 못 보고 지나쳐도 아이는 금세 발견할 수 있다. 반대로 성인을 위한 제품과 아이가 잘못 만졌다가 깨질 수 있는 물건들은 높은 곳에 둔다. 그리고 이윤이 별로 남지 않는 저가의 제품이나 필수품들은 주로 아래쪽과 위쪽 선반에, 신상품이나 전략 상품의 경우에는 고객의 눈에 잘 띄고 손이 닿기 편하게 가장 좋은 가운데에 배치한다. 그래야 높은 판매고를 올릴 수 있다.

또한 상품을 진열할 때는 관련된 상품끼리 진열해야 판매가 쉽다. 가령 세제 옆에 고무장갑, 커피 옆에 설탕, 당면 옆에 식용유를 두는 방식으로, 하나를 사면서 관련 제품도 함께 살 가능성을 높이기 위해서이다.

이렇게 판매가 이루어지는 모든 곳은 소비자의 입장에서 구성된 것이다. 마트의 냉동식품 매장이 동선의 가장 마지막에 위치한 것도 마찬가지 이유에서다. 차가운 제품을 먼저 산 소비자들은 매장을 빨리 떠나려는 심리가 있기 때문에 다른 것들을 모두 구경하고 들를 수 있는 위치에 둔다. 따라서 우리는 생산자의 의도에 따라 쇼핑을 한다고 해도 과언이 아니다. 여기에 이벤트도 소비심리를 올리려는 생산자의 의도 중 하나이다.

유독 대형마트에는 이벤트가 많다. 1+1행사나 얼마치를 사면 사은품을 주는 행사, 당일 파격세일 행사와 같이 할인전쟁을 벌인다. 당연히 소비자의 입장에서는 저렴하게 살 수 있어 좋긴 하지만 곰곰이 따지면 판매자의 입장에서는 그다지 손해 볼 일이 아니다. 대형마트의 특성상 대량거래가 가능하기 때문에 낮은 도매가로 공급하고, 이벤트를 미끼로 더 많은 손님을 끌어들여 곱절의 수익을 얻을 수 있기 때문이다.

이러한 생산자의 의도를 자녀에게 설명해주면 무턱대고 떼를 쓰며 물건을 사달라고 조르는 버릇도 차츰 고쳐진다. 스스로 생산자의 입장에서 생각하며 의도를 읽으려고 노력하기 때문이다. 더군다나 취학 전 아동에게 덧셈, 뺄셈을 가르칠 때도 마트는 매우 유용하다. 직접 아이에게 돈을 주며 계산하라고 해보자. 그러면 스스로 공부하고자 하는 욕구를 갖는다. 따지고 보면 우리도 어린 시절 구멍가게에서 거스름돈 받아가며 산수를 익히지 않았던가! 그러니 부모들도 생활에서 경제를 가르치는 방법에 더 많은 연구가 필요하다.

"여기에는 이렇게 진열해놨네. 너라면 어떻게 할래?" 하며 아이에게 자꾸 자극을 주자. 이내 아이는 엄마와 함께하는 새로운 놀이에 흠뻑 빠져 물건에 집착할 겨를이 없다. 이것이 바로 경제교육의 또 하나 효과인 인성교육이다. 어려서 몸에 밴 생산자의 시각은 어른이 되어 세상을 대하는 방식마저 다르게 한다. 생산자들이 곳곳에 숨겨놓은 과소비를 유발시키는 함정을 발견하는 눈을 키웠기 때문이다. 따라서 소비자교육에만 얽매이지 말고 생산자교육에도 눈을 돌려 세상을 보는 아이의 시각을 다양하게 길러보자.

06
경제습관을 위한
10가지 지침

다음에 소개하는 10가지 항목은 가정에서 경제교육을 하는데 있어 도움이 되는 행동지침이다. 부모의 작은 실천으로 아이의 경제관을 바꿀 수 있는 내용들이니 꼭 기억해두자.

1 경제교육은 생활교육임을 명심하라.

흔히 경제교육이라고 하면 '수요-공급 법칙', '보이지 않는 손'과 같이 기초 지식을 중심으로 학습해 나가는 것을 떠올린다. 그러나 경제교육은 단순하게 지식을 습득하는 데 그치는 것이 아니다. 실생활에서 일어나는 다양한 경제 활동을 배워가면서 사회와 지속적인 커뮤니케이션을 하는 생활 교육이다.

2   **아이 스스로가 삶의 주체가 될 수 있도록 하라.**

아이에게 사소한 일부터 하나씩 직접 의사결정을 내리도록 한다. 설사 부모가 흡족할 만한 결정을 하지 않는다 해도 다음 의사결정에서 보다 현명한 판단을 하도록 유도만 하라. 부모가 일방적인 결정을 해 통보하지는 말아야 한다.

3   **아이의 경험을 존중하는 구성주의적 교육을 하라.**

모든 아이는 다른 경험을 가지고 있다. 설득이나 의사결정을 할 때 부모의 경험보다는 아이의 경험을 바탕으로 아이의 입장에서 발전적 선택과 결정을 할 수 있도록 해야 한다. 부모에게 당연하다고 해서 아이도 당연히 알 것이라는 환상은 버려라.

4   **모든 선택에는 비용이 있음을 가르쳐라.**

모든 선택과 경제활동에는 비용이 있음을 아이가 알아야 한다. 선택 자체에 대한 비용과 심지어 포기된 것에 대한 비용도 있다는 걸 알아야 한다. 또한 선택을 할 때에는 아이 자신의 노력과 가치가 들어갈 수 있도록 유도해야 한다. 자신의 노력과 가치를 들여 제품과 서비스를 선택할 때, 자신의 선택에 대한 만족감과 합리적인 선택에 대한 자신감을 얻을 수 있다.

5   **계획과 관리에 의한 경제활동을 유도하라.**

모든 일은 사전에 계획을 세우고, 진행할 수 있도록 훈련을 시켜

라. 거창하고 복잡한 계획을 세우는 것이 아니라 장보기, 오늘의 계획, 숙제계획 등 단순하고 간단한 일부터 어떻게 처리할 것인지 계획을 세우고 실천하는 습관을 들여라.

6 부모 스스로 롤모델이 되어라.

아이에게 똑바로 가라 하면서 자신은 옆으로 가는 '게 걸음식 교육'이 되어서는 안 된다. 부모 스스로 경제 생활에 자신감과 긍정성을 갖고 아이가 배울 수 있는 롤모델이 되어야 한다. 특히 유치원과 초등학교 연령의 아이는 학교보다 집에서 더 많은 것을 배운다는 사실을 잊어서는 안 된다. '누굴 닮아서'라는 말을 절대 하지 마라. 부모를 보고 배운 것이다.

7 아이의 입장에서 근거를 바탕으로 솔직하게 대화하라.

부모 말이니까 아이가 무조건 따를 것이라는 구시대적 사고는 버려라. 요즈음은 '7살이면 사춘기'이다. 대등한 입장에서 아이의 관점을 통해 설득하도록 하고, 솔직하게 대화해 공감대를 형성하라. 아이가 떼를 쓰는 것과 부모가 강압적으로 지시하는 것은 다를 바 없다.

8 발표나 글로 생각을 표현하도록 훈련하라.

비교적 비중이 있는 사안에 대해서는 글이나 말로 정식 발표할 수 있도록 훈련하라. 머릿속으로 사고하고 넘어가기보다 말이나 글로 구체화하는 활동이 리더십을 기르고, 신중하고 논리적인 의사 판단을 돕는다.

9. **많은 것을 한번에 가르치려 하지 말고 한 가지씩 체험하게 하라.**

   한 번에 너무 많은 것을 가르치려는 욕심을 버려라. 간접 경험만으로 모든 것을 가르치려는 노력이 아이에게 반발을 초래할 수 있다. 지금 당장 아이가 직접 은행에 가서 통장을 만들어 오도록 체험의 기회를 제공하라. 아이는 훨씬 흥미로워 할 것이다. 판단력, 자립심, 리더십을 키우는 데 있어 직접 체험보다 더 값진 것은 없다. 간접 체험은 대안일 뿐 최선의 방법이 아니다.

10. **작은 성공을 지속하도록 유도해 큰 성공을 할 수 있는 선순환 구조를 만들어라.**

    아이의 일상은 매번 새로운 도전이면서도 불안함의 연속이다. 생활에서 작은 성공을 지속하도록 유도하라. 그리고 작은 성공에 칭찬을 아끼지 마라. 아이는 자신감을 갖게 되고, 더 큰 도전을 위해 기꺼이 나선다. 성공에 지속적인 피드백을 주어 자신감을 갖도록 하고, 실패에는 격려를 통해 아쉬움을 함께 공감하라. 아이의 큰 성공을 위한 초석이 된다.

연령별 경제교육 MUST DO

다음은 아이가 연령별로 반드시 알아야 하는 경제 개념들을 정리한 것이다. 경제용어들을 단순 암기시키기보다는 경제습관 길들이기 방법을 통해 제 나이에 맞게 내용을 이해시키는 것이 효과적이다.

연령	경제교육 MUST DO	실행방법
5세	• 인기있는 장난감을 혼자만 차지할 수 없는 걸 알고 있다. (희소성) • 동전과 지폐를 주면, 지폐를 선택한다. (화폐 구분)	• 역할극, 상황극, 질문하기
6세	• 100원, 500원, 1,000원, 10,000원을 크기순으로 나열할 수 있다. (화폐가치 판단) • 엄마, 아빠가 일을 해서 돈을 번다는 것을 알고 있다. (소득) • 마트에서 물건을 살 수 있다. (교환)	• 역할극, 상황극, 쇼핑체험, 질문하기
7세	• 1,000원을 주면 마트에서 700원 아이스크림을 사고 300원을 거슬러 온다. (거래) • 우리 가족이 생활하기 위해 돈을 쓰는 곳을 5가지 이상 말할 수 있다. (소비, 소득) • 저축을 하는 돼지저금통을 가지고 있다. (저축)	• 역할극, 상황극, 쇼핑체험, 질문하기
8세 (1년)	• 아이 명의의 은행 통장을 개설해 가지고 있다. (은행, 금융) • 아빠, 엄마의 회사명과 직업을 말할 수 있다. (직업, 진로) • 물건 리스트를 주면 혼자 장을 봐 올 수 있다. (교환, 거래)	• 은행방문 체험, 질문하기, 실천학습
9세 (2년)	• 영수증을 받고 점검할 수 있다. (관리, 확인) • 은행에 가서 통장을 개설하고 저금을 할 수 있다. (은행, 금융) • 봉사단체, 종교단체에 기부금을 3회 이상 낸 적이 있다. (기부) • 직접 모은 돈으로 부모님께 선물을 한 적이 있다. (계획, 소통)	• 실천학습, 현장체험 • 쇼핑내역&영수증 비교
10세 (3년)	• 용돈기입장 또는 영수증 관리노트를 쓰고 있다. (계획, 용돈) • 어린이 경제 관련 도서를 2권 이상 읽었다. (경제지식, 주도성) • 돈을 모아서 원하는 것을 구입한 적이 있다. (목표, 계획) • 분리수거를 통해 물건을 버릴 수 있다. (절약, 구분)	• 실천학습, 질문하기 • 영수증관리노트, 계획서

연령	경제교육 MUST DO	실행방법
11세 (4년)	• 자신의 미래 꿈을 구체적으로 말할 수 있다. (진로, 직업) • 경제교육, 경제캠프, 박물관을 2회 이상 참여한 경험이 있다. (경제지식, 협동, 동기부여) • 용돈이 부족한 이유를 '설명'하며, '더 주세요'라고 말한 적이 있다. (관리, 협상) • 시중의 ATM기기를 사용해서 입출금을 할 수 있다. (금융, 생활)	• 실천학습, 질문하기 • 꿈 그리기, 설명하기
12세 (5년)	• 1회 이상 물건을 팔아본 경험을 한 적이 있다. (생산, 소득) • 가족, 친구에게 돈을 빌려주고 이자를 포함하여 '받은 적'이 있다. (금융, 이자) • 자신과 가족의 생일 파티를 위한 계획을 세워 실행한 적이 있다. (계획, 관리, 실천) • 구매 시 물건의 가격을 흥정한 적이 2회 이상 있다. (협상)	• 실천학습 • 벼룩시장, 인터넷 활용
13세 (6년)	• 예기치 못한 상황을 위한 '비상금'을 별도로 보관하고 있다. (보험) • 자기 통장의 이자수익과 이자율을 계산할 수 있다. (금융, 이자) • 아이를 위해 쓰이는 총액을 아이가 계산해 알고 있다. (계획, 관리) • 진로적성검사를 받아 본 경험이 있다. (진로)	• 실천학습 • 통장비교, 은행상담
14세 (중1년)	• 자기소개를 3분간 할 수 있다. (진로, 적성) • 가족과 하루 30분 이상 대화를 나누고 있다. (소통, 인성) • 영수증에서 부가가치세를 이해하고, 확인할 수 있다. (세금)	• 실천학습, 질문하기 • 녹화, 발표하기
15세 (중2년)	• 정기적으로 후원하거나 기부하는 단체가 있다. (기부, 봉사) • 통신, 인터넷 요금을 계획적으로 사용하고 있다. (계획, 생활) • 자신의 체험과 경험을 체계적으로 관리하고 있다. (진로, 경력관리)	• 실천학습 • 소비, 가정에서 자료 수집
16세 (중3년)	• 적금, 보험, 주식, 펀드, 금 등 재테크 수단을 2가지 이상 실행하고 있다. (재테크, 금융) • 자신의 롤모델을 명확히 가지고 있다. (진로, 꿈) • 우리 동네의 직업을 25가지 이상 말할 수 있다. (직업, 진로)	• 실천학습 • 은행상담, 통장개설

경제교육이나 캠프 등의 정보를 얻을 수 있는 인터넷 사이트

- 앨리스 www.elisindex.com : 무료로 앨리스지수와 경제교육 관련 내용을 볼 수 있다.
- 아이빛연구소 www.ivitt.com : 대표적 국내 경제교육 기관.
- 아자스쿨 www.ajaschool.com : 체험교육포털 (경제, 역사, 과학, 문화, 영어 등)
- 청소년금융교육협의회 www.fq.or.kr : 경제교실, 강사파견 등의 사업을 진행.
- 한국은행 www.bokeducation.or.kr : 한국은행이 운영하는 경제교육 사이트
- 클릭경제교육 click.kdi.or.kr : KDI가 운영하는 중고교 경제교육 사이트
- 경제교육협회 econoedu.or.kr : 경제교육협회가 운영하는 청소년경제교육 사이트.
- JA코리아 www.jakorea.or.kr : JA의 한국지부.

내 아 이 를 위 한 3 개 의 통 장

PART 6
내 아이와 함께 하는 경제공부

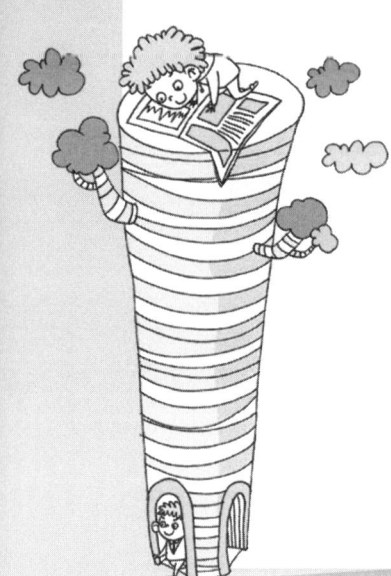

내 아이와 함께 하는 경제공부

지식을 얻으려면 공부를 해야 하고, 지혜를 얻으려면 관찰을 해야 한다. 앞에서 우리가 아이에게 경제 지혜를 깨닫게 하기 위해 노력해 왔다면, 이 장에서는 경제지식을 얻기 위해 공부해야 하는 시간이다. 지식과 지혜의 앙상블은 최대의 시너지 효과를 발휘한다. 그러므로 경제활동과 더불어 아이가 경제지식을 쌓을 수 있도록 눈높이교육을 시켜주자.

러시아의 교육자 레프 비고츠키는 이렇게 말했다. "생활의 매순간이 교육의 순간이다. 부모의 행동은 아이에게 큰 영향을 준다. 아이와 대화를 나누며 지도했다고 해서 아이를 교육시켰다고 착각하지 마라. 생활의 매순간, 심지어 부모가 집에 있지 않을 때도 아이는 교육을 받는다. 부모가 어떤 식으로 말해 즐거움과 불쾌함을 표현하고 친구와 원수를 어떻게 대하는지 또 어떻게 웃고 어떤 책을 읽는지가 모두 아이에게 교육적으로 큰 의미가 있다."

이는 부모의 역할은 매순간 아이의 교사임을 잊지 말라는 뜻이다. 부모가 먼저 경제에 눈을 떠야 자연스럽게 아이에게 전달된다.

이번에 나오는 경제용어들은 성인들은 쉽다고 여기더라도 막상 아이들에게 설명하려면 어려움을 겪는 부모들을 위해 기술했다. 당연하게 여기는 개념일지라도 아이들에게는 친절하고 쉬운 설명이 필요하다는 점을 염두에 두자.

01
피카소 그림은
왜 그렇게 비싼가요?

"저 이상한 그림이 왜 그리 비싼 걸까?"

예술작품을 대하는 아이는 간혹 이 같은 의문을 갖는다. 그리고 똑같이 유명한 예술가라도 저마다 그림 가격이 왜 다른지 궁금해 한다. 가치가 있다고는 하나 왜 가치가 있는 건지, 가격 형성의 기본 원칙을 모르는 아이로서는 답답할 노릇이다. 이때의 아이는 '희소하다'는 의미 자체를 이해하지 못하기 때문이다. 여기에 '희소성'이 이렇다저렇다 하면 아이는 혼돈만 더 야기된다. 아이가 이해하기 쉽게 희소가치를 설명해줄 필요가 있다.

"시간 없어 죽겠어", "돈이 왜 이렇게 없냐", "입을 옷이 하나도 없어" 등등 일상생활에서 우리는 항상 모자라고 부족한 것들 때문에 괴로워한다. 이러한 일상의 모습에서 우리는 희소성의 법칙을 발견할

수 있다. 희소성이라고 하면 설명하기 어려울지 모르지만 결국 희소성은 '부족하다', '갖고 싶으나 없다', '모자라다' 등의 표현으로 대체 가능한 경제 용어다.

가령, 형제는 셋인데 냉장고에 아이스크림이 하나밖에 없으면 그 아이스크림은 희소한 것이다. 누구나 먹고 싶지만 한 사람밖에 차지할 수 없는 경우 이것이 바로 희소성의 원칙이다. 집에서 혼자 끓여 먹는 라면보다 친구들과 함께 끓여먹는 라면이 더 맛있는 이유는 무얼까? 이 역시 희소성 때문이다. 여럿이 함께 먹으니 내 몫이 부족할 것이라는 생각 때문에 더 아쉬워지고, 더 맛있게 느껴지는 것이다.

이러한 희소성의 원칙 때문에 인간의 욕구를 최대화하기 위한 경제문제가 발생한다. 아주 먼 옛날에는 사람 수가 많지 않았기 때문에 모든 사람들이 땅이나 물 같은 필요한 자원을 마음껏 사용할 수 있었다. 하지만 사람 수가 늘어나고 생활이 복잡해지면서 필요로 하는 것이 점점 많아지고 자원은 점점 부족해진다. 그리하여 사람들은 '한정되어 있는 희소한 자원으로 더 많은 것을 생산하고, 모든 사람들이 만족하며 살아갈 수 있을까'를 고민하기 시작했다. 결국 사람들은 각자 생각하는 가장 효율적인 방법을 찾아 자원을 이용하기로 마음먹게 되었다. 그로 인해 우리 주변을 둘러싸고 있는 모든 경제활동이 형성됐고, 더불어 경제적 갈등도 생겨났다.

희소성은 수입의 불균형도 가져온다. 변호사나 의사 같은 직업은 돈을 더 번다. 이러한 직업은 반드시 자격시험을 거쳐야 하는데, 그 시험을 통과하기가 여간 까다롭지 않다. 그렇기 때문에 해당 직업군

> **내 아이를 위한 3개의 통장 TIPS**
> ## 아이와 함께 희소성의 원칙 배우기
>
> - 사탕은 7개, 사탕을 먹고 싶어 하는 아이는 3명. 이럴 때 사탕은 희소할까?
> - 음료수는 1개, 음료수를 먹고 싶어 하는 아이는 3명. 이럴 때 음료수는 희소할까?
> - 우리는 희소한 상황을 어떻게 해결해야 할까?
> - 우리집에서 가장 희소한 것은 무엇일까?
> - 우리가 일상에서 자주 하는 말 중 '희소성'을 말하는 문구를 5개 이상 찾아보자.

은 수적으로 제한을 받는다. 전문적인 교육과정과 특정 시험을 통과해야 하는 사람들만이 할 수 있는 희소한 직업이 되는 것이다.

그러나 주의할 점은 희소성은 찾는 사람은 많은데 대상이 적을 때만 해당된다는 것이다. 물건이나 서비스가 아무리 귀하다 해도 찾는 사람이 없으면 무슨 소용이겠는가! 그것은 희소한 것이 아니라 쓸모가 없는 것이다. 갖고 싶어 하는 사람들이 없기 때문에 가치를 인정받을 수 없다. 예를 들어 흑백TV나 286컴퓨터는 요즘 보기 드물다. 그러나 희소하다고 할 수는 없다. 필요로 하는 사람이 없기 때문이다. 따라서 희소성과 불필요함을 혼동해서는 안 된다.

우리 주변에서 희소성의 원칙을 가장 잘 보여주는 사례가 '배추값 파동' 이다. 김장은 해야 하는데 배추가 부족하니 자연히 배추값이 상승할 수밖에 없다. 이렇게 천정부지로 치솟은 배추값을 잡기 위해 정부는 중국에서 무더기 배추를 수입해온다. 그로 인해 희소성이 떨어진 배추는 가격이 점점 내려가고, 상승가일 때 팔려고 풀지 않았던 배

내 아이를 위한 3개의 통장 TIPS
아이와 함께 희소성 익히기

- 우리 주변에 '희소한 것'은 무엇이 있을까?
- 우리 주변에 있는 것 중에 숫자는 적지만 희소성에 해당되지 않는 것은 무엇일까?
- 희소하기 때문에 각광받는 직업으로는 어떤 것이 있을까?

추까지 나오면서 가격은 안정을 되찾는다. 이처럼 희소성의 원칙은 해당 물건의 값을 올리고 내리며 판매자의 수익을 좌지우지할 수 있는 힘이 있다.

이와 유사하나 가격변동이 없는 명품도 희소성을 이용한 상술이다. 일부러 적게 생산해 희소성을 부각시키고, 사람들로부터 특권의식을 불러일으켜 고가의 가격을 유지시키는 방법이다. 피카소나 고흐와 같은 유명 화가의 예술품도 작품적인 평가가 높음과 동시에 더 이상 만들어질 수 없기 때문에 비쌀 수밖에 없다. 게다가 대다수 예술작품들은 작가의 사망과 동시에 작품의 명성도 높아지기 마련이다. 더는 나올 수 없는 희소성을 지니기 때문이다.

이처럼 우리 주변의 고가의 상품들은 모두 희소성의 원칙에 의해 마케팅되고, 가치가 인정받는다는 것을 알아야 한다.

02
놀이공원도 가고 싶고, 극장도 가고 싶은데 어떡하죠?

아이는 간단한 선택의 문제에서도 심한 갈등을 한다. 새로 나온 디지털 제품도 사고 싶고, 맛있는 것도 먹고 싶고, 학원에 가야 되지만 친구랑 놀고 싶기도 하고, 끝도 없이 '이걸 할까 저걸 할까' 망설이고, 하고 싶은 일이 자꾸 생겨난다. 그러나 정작 돈도 없고, 시간도 모자라고, 양심도 늘 걸림돌이 된다. 이처럼 매순간 크건 작건 선택이라는 문제에 직면한다. 왜 꼭 선택을 해야만 하는 걸까 그것조차 고민거리가 되는 게 아이이다.

우리가 선택을 하는 이유는, 가진 자원(돈, 물건, 시간, 능력 등)이 풍족하지 않기 때문이다. 그래서 우리의 생활은 원하든 원하지 않든, 인식을 하든 못하든 선택의 연속이다. 선택을 한다는 것은 선택되지 않은 다른 것은 포기해야 한다는 의미가 숨어 있다. 다시 말해 다른

기회를 놓친다는 뜻이다. 그리하여 상대적으로 잃어버리는 비용이 발생하고, 이것을 흔히 '기회비용'이라고 한다. 따라서 선택의 문제에서는 늘 기회비용이 생기기 마련이다.

그런데 정작 중요한 것은 선택한 것이 포기한 것보다 가치가 있어야 한다는 점이다. 즉, 선택이 만족스러워야 한다는 말인데 이는 기회비용이 선택한 것보다 커서는 안 된다는 뜻이다. 결과적으로 놓친 또 다른 기회에 미련두지 않을 만큼의 현명하고 합리적인 선택을 해야만 한다. 그래야 앞으로 나갈 수 있는 사고력과 추진력이 길러진다. 그러므로 부모는 아이가 합리적인 선택을 할 수 있도록 상황 판단 능력을 키워줄 기회를 많이 제공해야 한다.

따라서 조금 시간이 걸리더라도 아이에게 스스로 선택할 수 있는 기회를 주자. 이를 테면 "시험공부 해야 되는데, 영화는 무슨 영화야. 공부나 해", "과자를 왜 사? 집에 가면 있는데", "○○ 대신 새학기 공책을 사야지" 하는 식으로 결정해서 말해주기보다 전적으로 아이의 선택을 지켜보는 것이다. 여러 차례 선택의 경험을 통해 잃어버린 기회비용을 깨닫게 되고 어느 순간 현명한 선택을 하는 방법을 터득한다.

내 아이를 위한 3개의 통장 TIPS
아이와 함께 선택의 기회비용 체득하기

- 최근에 했던 선택 3가지와 선택으로 인한 기회비용을 각각 말해보자.
- 선택을 했는데, 후회를 했던 경우를 3가지 이상 말해보자.
- 현재 우리집에 있는 수많은 제품은 선택된 결과 우리집에 있다. 5가지를 선정해 해당 제품의 기회비용을 써보자.

내 아이를 위한 3개의 통장 TIPS
아이와 함께 '필요'와 '욕구' 구별하기

필요와 욕구를 구분하게 해보자. 다음은 필요일까, 욕구일까?
- 스케치북 다 썼네? 내일 준비물인데 하나 사야겠다.
- 주말에 자전거를 타고 공원에 갔다가 친구를 만났어. 그 친구 자전거는 달릴 때 바퀴에 불이 들어와. 나도 사고 싶어.
- 새학기가 시작됐어. 짝꿍의 새 가방을 보니 모양도 예쁘고 최신 유행이네. 내 것도 얼마 안 됐지만 사고 싶어.
- 수업 끝나고 친구들과 축구시합을 하고 집에 왔어. 배가 너무 고파. 햄버거가 먹고 싶다.
- 어젯밤 10시부터 오늘 아침 7시까지 잤는데도 더 자고 싶어.
- 선생님이 우리 반 박물관 견학 갈 때 목걸이 볼펜을 가져오라고 하시는데, 난 없어서 사야 해.

스스로 기회비용과 합리적인 선택에 대해 인식할 수 있게 되면 자연스럽게 자신이 지금 왜 공부를 열심히 해야 하는지도 깨닫는다.

그렇다면 합리적인 선택을 내리고 기회비용을 인식시키는 것에 앞서 '필요'와 '욕구'에 대한 의미를 가르쳐야 한다. 말 그대로 내게 필요한 것은 '필요', 갖고 싶은 것은 '욕구'다. 욕구에 치우치기보다 필요를 먼저 생각해서 내린 판단일수록 합리적인 선택의 가능성이 높다.

1,000원짜리 지폐에 훈장님이 있다고요?

경제활동의 가장 기초는 물물교환이었다. 화폐가 통용되기 전에는 물건과 물건을 교환하며 살았다. 사냥을 잘하는 사람이 잡은 고기와 농사를 짓는 사람이 경작한 곡물과 맞바꾸는 식이었다. 아이에게 화폐의 개념을 이해시키기 위해 경제교육 현장에서는 바로 이러한 물물교환 과정부터 시작한다. 볼펜, 사탕, 만화책, 지우개, 목걸이 등 갖가지 물건들을 나누어준 다음 서로 바꾸게 한다. 그러면 자신이 가진 것만으로는 원하는 것과 교환이 되지 않는다는 사실을 알게 된다. 나는 상대방의 물건이 마음에 들지만 상대방은 내 물건이 마음에 들지 않아 바꾸고 싶지 않을 수도 있기 때문이다.

이러한 물물교환 과정을 통해 물건과 물건만을 맞바꾸기가 얼마나 힘든지 깨닫는다. 그래서 특정한 기준을 정해놓고, 가치를 측정할 필요성도 느끼게 되는 것이다. 바로 이 같은 이유로 탄생한 것이 결국 '돈'이다.

아이에게 돈, 즉 화폐의 탄생을 다음과 같이 설명하면 다들 고개를 끄덕인다. 화폐라는 것은 "물물교환은 복잡하고 어려우니, 앞으로 이걸로 물건을 살 수 있게 하자라는 약속"임을 알려준다. 그러면 이미 물물교환의 어려움을 겪은 아이는 공감하게 되고, 화폐가 사회적 약속이라는 것도 쉽게 이해한다.

아이가 화폐와 친해질 수 있게 하려면 어떻게 해야 할까? 일단 은행에서 새 지폐를 바꿔온다. 그리고 돋보기로 화폐를 속속들이 살펴보며 지폐의 비밀들을 하나씩 찾는다. 일종의 숨은그림찾기를 하면 아이는 흥미진진해 하고 돈에 대해서도 한층 더 가깝게 느낀다.

'돈은 어떤 얼굴을 하고 있을까?' 도 유익한 관찰이다. 여러 단위의 화폐들을 모아놓고 서로 다른 얼굴들을 익히게 한다. 어떤 모양, 어떤 색깔, 어느 정도의 크기, 각기 다른 숫자와 홀로그램들까지, **돈도 사람처럼 제각기의 얼굴을 하고 있다.** 이러한 돈의 특색을 이용해 아이에게 교육하면 효과가 매우 좋다. 특히 동전 속에 새겨진 위인과 문화재들을 이야기하면 역사 공부도 시킬 수 있다.

한 단계 더 나아가 '돈의 일생'에 대해 생각해보는 것도 좋다. "한국은행에서 처음 태어난 돈은 갓 태어난 친구들과 함께 이리저리 옮겨 다니지. 그중에 만원짜리 한 아이가 운송차를 타고 우리 동네 은행으로 와 금고에 잠시 머물다가 어느 날 아침 현금지급기 안으로 이사 가지. 그런데 엄마가 네 용돈을 주기 위해 돈을 찾을 때 바깥세상으로

나왔어. 그래서 엄마 지갑에 오게 됐고, 그날 저녁 너한테까지 오게 된 거야! 환하게 웃으며 자기를 받아드는 모습이 너무 마음에 들어 오랫동안 네 곁에 있고 싶었지만 다음 날 헤어지게 됐어. 네가 학원에 가는 길에 패스트푸드점에서 햄버거를 사 먹으면서 가게 점원 언니에게 넘겨줘 버렸거든."

이러한 식으로 돈을 의인화시켜 이야기를 만들어가면 아이도 흥미 있어 한다. 그러면 그 다음부터는 돈을 사용할 때마다 이야기를 떠올리며, 지출에 대해 다시 한 번 생각해보고 소비습관을 바로 잡을 수 있다.

내 아이를 위한 3개의 통장 TIPS
아이와 함께 돈과 친해지기

- 유아들의 경우, 실제 돈을 가지고 교환게임을 해보고 나만의 돈을 만들어보자.
- 초등 저학년의 경우, 돈으로 할 수 있는 것 30가지를 써보자.
- 초등 고학년의 경우 '돈의 일생'에 대해 써보자.
- 각 지폐에 숨어 있는 위조방지 방법이 몇 가지인지 최대한 알아보자.
- 각 지폐별 그림의 제목은 무엇일까 알아보자.
- 각 지폐에서 눈에 보이지 않는 작은 글씨가 무엇이 있는지 돋보기로 찾아보자.

04
극장에서 파는 콜라는 왜 더 비싸죠?

사람들이 무엇인가를 사려고 하는 희망, 사고 싶은 욕구를 수요라고 한다. 물건이나 서비스의 값이 쌀수록 많은 사람이 사려 하고, 비싸지면 아무래도 덜 사게 된다. 그런 흐름을 말해주는 것이 수요곡선이다. 반대로 물건을 만들어 팔려고 하는 입장이 공급이다. 공급자의 입장에서는 비싸게 팔 수 있다면 더 많이 만들어 제공하려 할 테고, 값이 저렴해지면 아무래도 만들고자 하는 의욕이 점차 사라진다. 이것을 도표화 하면 공급곡선이 나온다.

이러한 수요곡선과 공급곡선이 만나는 한 점을 가격으로 보면 된다. 즉, 수요자가 사고자 하는 지점과 공급자가 팔고자 하는 지점이 일치하는 점이 바로 가격이 형성되는 지점이다.

가격은 모든 교환에 있어 기준이 된다. 물건을 사고팔 때, 세금을

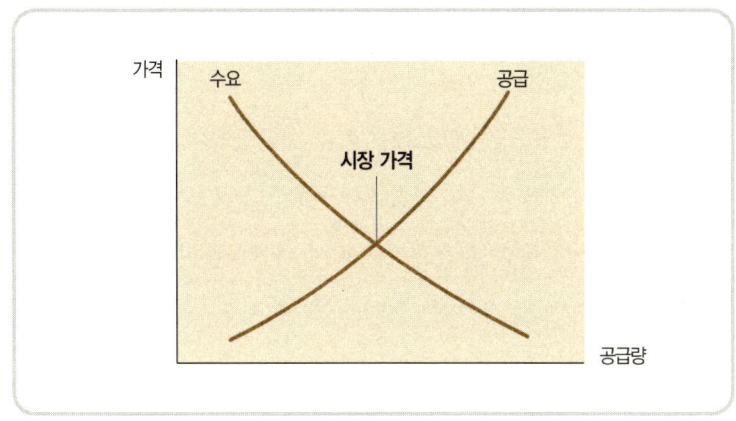

낼 때, 목욕탕을 이용할 때, 아빠가 회사에서 일을 할 때 등등. 원래 가격은 반드시 수요량과 공급량이 만나는 점에서 결정되기 때문에 모두의 인정을 받는다. 수요자와 공급자가 서로의 욕구를 충족시킬 수 있는 선에서 결정이 되어 모두의 이익을 고려하므로 형평성의 논리에도 적용된다.

하지만 자본주의에서 모든 가격이 형평성에 부합되는 것은 아니다. 흔히 제품의 '권장소비자가격'이 그것인데, 이는 생산자가 정한 가격에서 소비가 이루어지도록 하는 것이기 때문에 그리 공정하다고 볼 수 없다. 생산자가 일방적으로 책정한 가격이며 소비자는 고려치 않은 처사이다. 그래서 2010년 7월부터 가공식품의 권장소비가격을 폐지하고 오픈프라이스제도open price system를 채택해 최종 판매업자가 제품 가격을 결정하도록 규정이 바뀐 것도 그러한 이유에서다.

그러나 오픈프라이스 제도의 맹점은 수요와 공급이 평등하게 작용하기보다는 공급자에게 더 많은 정보와 결정권이 있다는 점이다. 모든 정보가 공개되어 있다면 시장에서는 수요가 많으면 당연히 제품 가격이 올라가고, 공급이 많으면 가격은 내려간다. 하지만 정보의 불평등으로 인한 가격 왜곡이 가끔 나타난다. 다행스러운 것은 요즈음에는 인터넷과 IT의 발달로 소비자 역시 생산자와 비슷한 수준의 정보력을 갖출 수 있게 되었다는 점이다. 즉 가격을 비교해 비싸면 다른 곳을 이용하거나 대체재를 이용하고, 많은 사람이 원하는 경우에는 공동구매나 경매를 통해 힘과 정보력을 과시하기도 한다. 그렇기 때문에 가격이 예전에는 생산자의 일방적 책정 권한이었다면 요즈음은 생산자와 소비자 간의 힘겨루기의 결과라고 할 수 있다.

비싸면 안 사면 되고, 공정하지 못하다면 당당히 가격에 대응할 권리가 있다. 게다가 한때 사라져가던 소비자와 판매자 사이에는 흥정이라는 제도가 IT의 발달로 새로이 가격의 변수로 등장했다. 흥정이나 협상을 통해 전혀 새로운 가격을 만들어낼 수 있는 것이다. 이러한 수요와 공급, 가격의 법칙을 아이에게 잘 설명해주기 위해서는 그냥 일상생활만 살펴보아도 된다.

먼저 값이 싸면 더 많이 사는 경우를 아이와 함께 생각해보자. 백화점의 세일, 대형마트의 낮은 가격정책(할인), 시장의 덤 받기, 미용실의 쿠폰, 공짜 이벤트 등을 떠올릴 수 있다. 가격을 하향조정해 수요를 유도하기 위한 공급자의 전략이다. 하지만 비쌀수록 더 잘 팔리는 제품도 있다. 명품, 유기농제품, 일부 유아용품 등등이다. '비싼 게 더 좋겠지' 라는 심리가 적용되는 물건들인데, 희소성을 통한 가격

내 아이를 위한 3개의 통장 TIPS
아이와 함께 '수요와 공급의 원리' 익히기

- 우리집에 있는 물건 중에서 수요와 공급 곡선을 설명할 수 있는 사례를 생각해보자.
- 수요공급곡선이 인정되지 않는 것은 무엇이 있는지 생각해보자.
- 잡지를 펼쳐놓고 광고 내용 중 가장 비싼 것과 가장 싼 것을 찾아보자.
- 우리집의 가전제품과 가구에 포스트잇으로 가격표를 붙여보자(5개 이상 근접하게 맞추면 보상을 해줘라).

유지 전략이다.

왜 버스나 지하철은 학생요금이 어른보다 쌀까? 학생의 수요가 적어서 그럴까? 수요와 공급 법칙에 맞지 않는 것 아닌가?

가령 이처럼 가격에 의문을 가지는 부분들이 있다. 아마도 '누구한테는 싸게 받고 누구한테는 비싸게 받는 것은 차별'이라는 형평성의 논리도 함께 떠올릴 것이다. 분명 이러한 부분은 차별이 맞다. 이를 '가격차별'이라고 하며 교통요금뿐만 아니라 많은 경우에 가격차별이 존재한다. 과자를 묶음으로 살 때 더 싸게 파는 것도 가격차별, 극장의 조조요금 할인도 가격차별이다.

이렇게 가격차별이 이루어지는 이유는 다양하다. 교통요금 같은 공공요금의 차별은 공익적 차원에서 수입이 없는 학생들을 우대해주는 의미에서 이루어지는 것이고, 묶음으로 파는 물건이 싼 것은 그것을 통해 더 많은 수량을 판매할 수 있기 때문이다. 극장의 조조요금 할인도 어차피 영화를 상영해야 하는 것이니, 사람이 많지 않은 시간

에 가격을 할인해 손님을 끌려는 가격책정이다. 주말에 요금이 비싸지는 것은 반대의 이유에서 비롯된 가격차별이다.

이왕 가격차별 얘기가 나왔으니 극장의 예를 들어 더 생각해보자. 극장에서 파는 콜라는 우리 동네 패스트푸드점에서 파는 콜라보다 더 비싸다. 그 이유는 뭘까? 극장이라는 한정된 공간 안에 경쟁이 없는 독과점이기 때문이다. 사람들이 너무 거북해할 정도로 비싼 가격이 아니라면 그 콜라를 살 수밖에 없다. 아이는 우리의 생각보다 훨씬 현명하다. 큰 그림을 이해하면 스스로 판단하고 똑똑한 선택을 한다. 중요한 것은 부모가 수요와 공급, 가격에 대해 아이가 인식할 수 있도록 이끄는 일이다. 그러면 애써 "절약해라"라고 잔소리를 매번 하지 않아도 현명한 소비생활을 하게 된다.

요즈음은 아이의 구매력을 자극하는 화려하고 기능적인 제품들이

내 아이를 위한 3개의 통장 TIPS
아이와 함께 '가격차별' 살펴보기

- 연령별 버스와 지하철의 기본 가격을 알아보자(유아, 어린이, 청소년, 성인, 노인).
- 우리 주변에서의 가격차별을 생각해보자. 그리고 가격차별을 우리에게 유리한 쪽으로 이용할 수 있는 경우, 또 몰랐기 때문에 불필요한 소비를 했던 경우에 대해서도 생각해보자(예: 극장의 조조할인, 핸드폰 가족 할인, 아이스크림점 31일 할인, 버스나 지하철의 경로우대, 미용실 남녀커팅 가격차별 등).
- 여러 판매점에서의 콜라 가격을 비교해보자. 왜 차이가 나는 것일까? (동네 가게, 편의점, 대형마트, 극장, 놀이동산)

많이 나와 있다. 때문에 구매의사가 없어도 소비할 수밖에 없는 유혹이 끊이지 않는다. 이러한 소비의 왕국에서 절제된 소비생활을 하기란 매우 어렵다. 이는 전적으로 현명한 판단력에 의해 결정된다. 따라서 경제의 큰 흐름을 익히게 하는 것은 현명한 소비자를 키우는 데 매우 중요한 부분이다. 가격을 결정하는 경제원리를 자연스럽게 깨우쳐 아이가 합리적인 선택과 똑똑한 소비습관을 기르도록 하자.

1원이랑 1달러는 똑같지 않나요?

금통장과 주식통장을 운영하다보면 아이에게 환율에 대한 질문을 많이 받게 된다. 환율이 변하는 이유, 1달러가 1원이 아닌 이유, 나라의 돈마다 이름이 다른 이유, 우리나라에서 다른 나라의 돈이 필요한 이유 등등. 특히 환율은 아이가 가장 궁금해 하는 부분인데, 환율에 대한 이야기를 하게 되면 무역에 대해 이야기하지 않을 수 없다.

흔히 물건을 사고파는 것을 장사 또는 거래라고 한다. 주로 장사는 개인과 개인의 거래를 의미하는데, 나라와 나라가 이처럼 물건을 사고파는 행위를 무역이라 한다. 익히 알고 있듯이 우리나라는 국토 면적이 적고 천연자원이 별로 나지 않는다. 그래서 자원을 수입해 제품을 만들어야 하는 경우가 많다. 대신 첨단기술을 활용해 수입한 자원을 가공해 새로운 제품으로 탄생시키고, 이를 다시 되파는 수출을 한다.

이러한 무역은 돈을 주고받아야 성사되는데, 각 나라마다 돈의 종류는 다양하다. 한국은 원화(₩), 일본은 엔화(¥), 미국은 달러($), 유럽은 유로(€), 중국은 위안(元) 등등 저마다 불리는 이름도, 기호도 각지각색이다. 더군다나 나라마다 돈의 가치도 차이가 크다. 때문에 국제사회에서도 돈을 통용할 때 각국 상황에 따라 화폐가치가 다르게 책정된다는 것을 약속해두었다. 그것이 바로 환율이다.

　환율이란 외국돈과 우리 돈을 바꿀 때 적용되는 교환비율(외국돈과 비교한 우리 돈의 값어치)을 말하며, 그 환율에 의해 나라와 나라 사이의 결제 혹은 거래가 이루어진다. 예를 들어 원화와 미국 달러와의 환율이 1100원/1달러라면, 이는 달러와 원화의 교환비율이 1:1100으로 1달러와 1,100원이 서로 교환된다는 것을 의미한다. 따라서 환율이 1100/1달러에서 1200/1달러로 상승했다면 미국 돈의 가치는 그만큼 상승한 것이고, 우리나라 돈의 가치는 그만큼 떨어진 것이다. 이렇게 환율 차이를 보이는 이유는 국가의 경제정책과 경제수준, 체감물가, 임금, 국제정세에 따라 가치가 달라지기 때문이다.

　환율에 대해 아이와 더 쉽게 이야기하는 방법은 '여행 이야기'로 시작하는 게 좋다. 직접 여행을 가서 체험한다면 더욱 좋겠지만 현실적으로 기회가 많지 않으니 일단 상상의 세계여행을 떠나는 것이다. 지도를 펼쳐들고,

　"우리는 지금 미국으로 여행을 떠날 거야. 미국에서는 어떤 돈을 쓰지?", "미국 돈을 바꾸려면 어떻게 해야 하지?", "배고파서 10달러짜리 햄버거를 사먹으려 하는데 우리 돈 얼마가 필요할까?"와 같이

내 아이를 위한 3개의 통장 TIPS

아이와 함께 환율 알아보기

- 인터넷에서 주요국(미국, 중국, 일본, 유럽)의 환율을 찾아보자. 그리고 우리집에 있는 물건들을 꺼내, 각국의 환율을 기준으로 가격을 말해보자.
- 신문에 나와 있는 그 날의 환율표를 찾아보자. 누가 먼저 찾는지 게임을 하는 것도 좋다.
  "볼펜이 우리나라 돈으로 1천원이야. 그럼 오늘의 유로화로는 얼마일까?"
- 대표적인 우리집의 제품을 5가지 아이와 함께 선택해보자. 그리고 각각의 가격을 오늘 환율을 기준으로 다음의 나라별로 얼마씩인지 적어보자.
  (한국, 미국, 중국, 일본, 유럽, 인도, 필리핀)

아이에게 연상작용을 할 수 있는 방법으로 이야기를 이끌어간다. 그러면 아이는 공부한다는 생각보다 상상놀이를 한다는 개념으로 받아들인다. 이러한 연상놀이를 통해 환율과 세계 화폐에 관한 이야기를 자연스럽게 나눌 수 있다.

아이는 막연히 외국에서는 외국 돈이 통용되지만 각국의 돈을 1:1로 바꿀 수 있는 것으로 착각한다. "우리나라 돈 1천원은 미국의 얼마에 해당할까?"라고 질문하면 "1천달러요"라고 대답하는 경우가 대부분이다. 아직 아이에게 교환비율 개념이 없는 것이다. 따라서 이러한 개념을 심어주는 게 환율을 이해하는 포인트이다.

이러한 이해를 더 빨리 돕기 위해 세계적으로 수출되는 특정 제품을 가지고 설명하면 받아들이기 훨씬 쉽다. 그 예로 초코파이가 있다. 초코파이는 전세계 60개 나라에 연간 20억 개나 팔리는 세계적인 인기 품목이다. 그 초코파이의 가격을 각 나라별로 살펴보면 다음과 같다.

> **초코파이 한 상자 가격**
> 한국 2200원 / 러시아 60루블 / 중국 14위안 / 일본 516엔
> 미국 3달러 / 베트남 3만동 / 호주 5호주달러

환율에 사람들이 민감한 이유는 무엇일까? 특히 국가 간에 예민하게 대립하는 이유는 무엇일까? 바로 그 나라의 먹고 사는 문제와 관련 있기 때문이다. 1달러에 1,000원이던 것이 1,200원이 되면 수출하는 회사는 웃음꽃이 핀다. 20%만큼 공돈이 생기는 것과 마찬가지이기 때문이다. 그러나 반대의 경우도 있다. 수입회사는 1,000원에 수입하던 것을 하루아침에 1,200원에 수입하면 큰 타격을 입는다.

우리나라는 수출, 수입에 의존하는 비중이 크기 때문에 환율문제에 민감할 수밖에 없다. 그리고 현대사회는 국제무역의 비중이 높아졌기 때문에 전세계적으로 환율 문제에 관심이 높을 수밖에 없다.

> **내 아이를 위한 3개의 통장 TIPS**
> **아이와 함께 '무역' 이해하기**
>
> - 주변의 물건들을 아무 거나 꺼내자. 어느 나라에서 만든 것일까? 왜 그 나라에서 만든 제품이 우리집까지 오게 됐을까?
> - '메이드 인 차이나' 제품이 많을 것이다. 그 이유는 뭘까?
> - 초등학교 고학년 아이의 경우, FTA(자유무역협정)에 대해서도 이야기해 보자.
> - 나라 찾기 게임을 해보자. 15분 동안 집안에서 누가 더 많은 나라를 찾아 내는지 겨루는 게임이다. 옷, 화장품, 가구, 가전, 식품, 장식물 등 모든 물건을 대상으로 한다.
> - 미국, 일본과 FTA가 체결되면 우리나라 사람 중 좋아하거나 좋아하지 않는 사람은 누구일까? 이유는 무엇일까?

06
은행에서는 저금만 하나요?

은행에서는 어떤 일을 할까? 주로 돈을 맡아주는 일을 하던 은행이 요즘에는 다양한 일을 한다. 평소 은행에 가면 예금과 송금, 세금을 내던 사람들로 북적였는데, 최근에는 신용카드를 만들고, 환전을 하며, 대출업무 상담을 받는 사람들이 많이 늘었다. 이밖에도 금고대여 및 펀드 가입까지 은행의 역할은 나날이 늘어나고 있다. 이처럼 은행의 일이 다양해지면서 은행의 종류도 함께 다양화되고 있다. 산업은행, 기업은행 등 특수한 업무를 수행하는 은행들도 있으며 흔히 '은행의 은행'이라고 불리는 한국은행도 있다.

한국은행은 일반 은행처럼 개인들이 이용할 수 있는 곳이 아니다. 한국은행의 역할은 첫째, 우리나라 돈을 발행한다. 모든 지폐와 동전 아랫부분에 '한국은행'이라고 새겨진 글자가 있다. 현재 우리나라의 돈을 발행할 수 있는 유일한 곳은 오직 한국은행뿐이다. 만약 시중 모든 은행에서 돈을 발행할 수 있다면 어떻게 될까? 제대로 된 화폐관리가 이루어지지 않을뿐더러 여기저기에서 돈을 마구 발행하려 들 것이다.

시중에 돈이 많이 유통되면 돈이 많아져 상대적으로 가치가 떨어지고, 그로 인해 물가(제품이나 서비스의 가격)는 상승(인플레이션)할 수밖에 없다. 게다가 대외경제력도 떨어져 경제적·사회적 혼란을 야기한다. 즉, 나라의 돈을 찍어내는 일은 국가의 신용도와 깊은 연관이 있기 때문에 한국은행과 정부기관의 조율이 있을 때만 가능하다. 따라서 우리나라에서는 한국은행에서만 돈을 발행할 수 있도록 법으로 정해 놓았다. 다른 곳이나 다른 사람이 발행한 돈은 전부 위조지폐이기 때문에 절대로 사용할 수 없다.

둘째, 은행이나 정부와 거래한다. 한국은행은 개인의 예금을 받거나 개인에게 돈을 대출해주지 않는다. 대신 한국은행은 은행들과 거래한다. 우리가 은행에 예금하고 은행으로부터 돈을 빌리는 것과 마찬가지로 은행 역시 남는 돈은 한국은행에 예금하고 돈이 필요하면 한국은행에서 빌린다. 그래서 한국은행을 '은행의 은행'이라고 부르는 것이다. 또한 한국은행은 정부와 거래하는 '정부의 은행'이다. 정부는 국민으로부터 거둔 세금을 한국은행에 예금해 놓고 필요할 때(국가정책) 찾아 사용한다. 또 정부가 돈이 부족할 때에는 한국은행에서 빌리기도 한다.

셋째, 나라경제를 위해 중요한 일을 하는 '중앙은행'이다. 한국은행은 국민생활의 안정을 위해, 또 우리나라 경제발전을 위해 여러 가지 중요한 일을 한다. 우리나라에 한국은행이 있듯 세계 모든 나라에도 이러한 역할을 담당하는 은행이 하나씩 있다. 예를 들어 일본은 일본은행, 중국은 중국인민은행이 있다. 이러한 은행을 중앙은행이라고 한다. 그러므로 우리나라의 중앙은행은 한국은행이 된다.

이제는 일반 은행이 하는 일에 대해 자세히 살펴보자. 먼저 아이는 은행의 일에 대해 어떤 생각을 갖고 있는지 질문하고 시작하는 게 좋다. 그래야 은행의 역할에 대해 눈높이 설명이 가능하다.

우리가 저축을 하면 은행은 내 돈을 안전하게 맡아준다. 그런데 그냥 맡아만 주는 게 아니라 시장의 덤처럼 이자도 함께 준다. 은행이 왜 나에게 이자를 주는 걸까? 내 돈을 안전하게 보관해주니까 오히려 내가 은행에게 보관료를 줘야 하는데… 은행은 다른 사람들이 저축한 돈을 금고에 고스란히 보관하고 있을까? 등의 여러 의문점이 있다. 사실 은행은 사람들이 예금한 돈을 금고에 고스란히 보관해두지 않는다. 보관만 해둔다면 이자를 사람들에게 줄 수 없다. 대신 돈을 다른 곳으로 보내 수익을 낸다.

그러면 은행은 돈을 어디로 보낼까? 만약 어떤 사람이 집을 사야 하는데 돈이 부족하거나 기업이 사업을 해야 하는데 돈이 부족하다면 어떻게 할까? 여러 가지 방법이 있지만 은행에서 돈을 빌리는 것이 한 가지 방법이다. 이때 은행은 사람들이 저축한 돈을, 돈이 필요한 이들에게 빌려주는 것이다. 그것을 대출이라고 한다. 은행은 돈을 대출해주면서 그에 대한 대가를 받는다. 큰돈을 빌려주는 조건으로

은행의 이자율에 따라 대출이자를 받는 것이다. 그렇게 이자를 받아 수익을 챙긴 은행은 다시 예금을 해준 사람들에게 이자를 준다. 이것이 은행예금의 순환구조다.

　은행의 대출이자율은 예금이자율보다 높다. 예를 들어 은행에서 100만원을 빌리면 10만원의 이자를 내야 하고, 은행은 이 10만원 중의 일부를 예금한 사람에게 이자로 준다. 그 차액으로 은행은 직원들의 월급을 주고 은행 건물을 관리하는 일 등을 한다. 만약 사람들이 저축을 하지 않는다면 은행은 다른 사람에게 돈을 빌려줄 수 없어 대출이자를 벌어들일 수 없다. 따라서 은행은 더 많은 돈을 저축하도록 유도하기 위해 저축에 대해 예금 이자를 주는 것이다.

　이제 저축에 대해서도 한번 꼼꼼히 살펴보자. 해마다 저축왕들에 대한 기사와 함께 수십 개의 통장을 펼쳐 보이며 웃음 짓는 사람의 얼굴이 대문짝만하게 나온다. 하지만 저축왕이 아니어도 남부럽지 않을 만큼의 통장을 보유하고 있는 사람도 많다. 살다보면 이러저러한 이유로 통장을 수집하듯 마구잡이로 만들어 개수만 많아지는 경우이다. 정작 문제는 대부분의 통장이 쓰지 않는 휴면통장이라는 사실이다. 게다가 지금 쓰고 있는 통장의 금리가 얼마인지도 모른다.

　부모는 아이의 거울이다. 아이에게 저축에 대해 가르치기 전에 부

내 아이를 위한 3개의 통장 TIPS
아이와 함께 은행 살펴보기

- 지폐를 꺼내 '한국은행'이라는 글자를 찾아보자.
- 우리나라에는 어떤 종류의 은행들이 있는지 알아보자. 그 은행들의 차이점을 알아보자.
- 인터넷에서 우리 동네의 지도를 출력해서, 어디에 어떤 은행이 있는지 찾아 표시를 해보자.
- 은행의 상품안내 브로슈어를 모아오자. 그중 가장 높은 이자를 주는 것은 무엇인가? 가장 높은 이자를 주는 이유는 무엇일까?
- 아이와 은행에 함께 가서 은행이 하는 일을 직접 찾아보게 하자(5가지 이상 찾으면 포상한다).
- 우리나라의 은행 중 1·2·3 금융을 구분해보자. 각각 어떤 차이가 있을까?

모가 먼저 해야 할 일이 있다. 우선 집에 있는 통장을 모조리 찾아 꺼내보자. 그리고 쓰지 않을 통장은 폐지해 없애고, 사용하고 있는 통장에는 큼지막하게 금리를 써넣자. 잘 모르겠다면 은행에 당장 전화해 "무슨무슨 통장 금리가 몇 프로예요?"라고 물으면 친절히 알려준다. 이렇게 저축에 대한 의식을 다시 재정리하자.

저축의 종류는 크게 보통예금, 정기적금, 정기예금으로 나눌 수 있다. 아이가 용돈을 모아 만드는 통장은 주로 보통예금 통장이다. 필요할 때면 언제나 찾아 쓰고 돈이 생기면 언제라도 예금할 수 있기 때문이다. 그러나 예금자가 언제 돈을 찾아갈지 모르기 때문에 보통예금에 들어온 돈은 다른 사람에게 쉽게 빌려줄 수 없다. 그렇기 때문에 보통예금에는 이자가 적게 붙는다.

정기적금은 일정한 날을 정해두고 그 날짜에 맞추어 예금을 하는 것인데, 이렇게 모은 돈은 일정 기간이 지난 다음에야 찾을 수 있다. 정기적금은 목표에 도달할 때까지 돈을 찾지 않고 매달 차곡차곡 저축하기 때문에 보통예금보다 이자가 높다. 아이가 어떤 목표를 정해 놓고 목돈을 마련하려 할 때, 정기적금을 선택할 수 있도록 하자.

정기예금은 갖고 있는 목돈을 당장 쓸 곳이 없어 일정 기간 동안 은행에 맡기는 사람들을 위해 만들어진 예금이다. 예를 들어 회사에서 연말이나 명절에 보너스로 돈을 받았다든지 아니면 만기가 된 정기적금을 찾았는데 돈 쓸 곳이 없는 사람들에게 유용한 예금이다. 은행의 입장에서는 큰돈이 들어오고 오랫동안 찾아가지 않기 때문에 돈을 여유 있게 빌려줄 수 있어 보통예금보다 이자율이 더 높다.

내 아이를 위한 3개의 통장 TIPS
아이와 함께 통장 살펴보기

- 우리집에 있는 통장을 모두 꺼내놓고, 저축의 종류와 이자율에 대해 알아보자.
- 은행에 가거나, 인터넷으로 은행 홈페이지에 들어가 그 은행이 마련한 저축상품의 종류에 대해 알아보자.
- 우리집의 신용 또는 체크카드를 꺼내놓고, 아이와 함께 포인트는 몇 점 있는지, 어떤 혜택이 있는지, 연회비, 할부서비스와 현금서비스의 수수료는 얼마인지 등에 대해 알아보고 부모가 함께 확인하자.

07
우리집은
우리 것이 아닌가요?

어른들의 대화나 뉴스를 통해 아이도 부동산 얘기를 자주 접한다. 부동산 가격, 집값이 어떻고, 부동산 투기나 사기가 어떻고 하는 얘기를 들으면 아이는 자연히 부동산은 나쁜 이미지로만 생각한다. 때문에 부동산의 의미에 대해서도 제대로 알려줄 필요가 있다.

흔히 부동산은 움직이지 않는 재산을 뜻한다. 주로 건물이나 땅이 부동산의 개념으로 들어가는데, 각각의 건물과 땅에는 모두 주인이 있다. 가령 우리가 살고 있는 집을 보자면 우리 가족이 사는 '우리집'인 것은 사실이나 부동산 소유의 의미로 보자면 진짜 소유권은 달라질 수 있다. 이전의 소유자에게 사서 진짜 우리집인 경우도 있고, 다른 사람이 주인인데 우리가 일정 기간 빌려서 사는 전세나 월세일 수도 있다. 즉 현재 우리집이 부동산에 대한 소유권을 가지고 있는지 아닌지를 설명해줄 필요가 있다.

물론 부모 입장에서는 이러한 이야기가 불편할 수도 있다. 그러나 경제의 시작은 언제나 투명해야 한다. 있는 그대로 솔직하게 알려준다고 해서 부모를 보는 아이의 시각이 달라지지 않을 뿐더러 경제에 대한 왜곡된 시각을 잡아줄 수 있는 방법이다. 그리고 반드시 자기 소유의 집이 가장 좋은 것만은 아니라는 것도 설명할 필요가 있다. 집값이 떨어지는 경우, 집값이 너무 많이 올라 기다리고 싶은 경우, 집을 살 돈으로 다른 곳에 투자할 경우의 예를 들어 설명하면 된다. 이러한 점을 아이가 이해한다면 훗날 융통성 있는 경제생활을 영위하는 데 도움이 된다.

이와 더불어 부동산 가격변동의 이유도 알려준다면 금상첨화다. 부동산 역시 수요와 공급의 양 때문에 가격변동이 생긴다. 사람들이 많이 살고 싶어 하는 지역은 자연히 비싸지고, 그렇지 않은 곳은 싸지기 마련이다. 대개는 교통이 편하고 주거 환경이 좋은 지역, 생활의 편리가 보장되는 지역, 좋은 학군이 형성된 지역 등등 지역별로 부동산 가격이 다양한 이유가 있다. 이러한 이유를 통해 '보편적으로 사람들이 가장 많이 살고 싶어 하는 지역'이 어디인지 아이와 이야기를 나눠보자. 덧붙여 아이가 어느 지역에 살고 싶은지, 그 이유는 무엇인지도 물어보면 부동산에 대한 아이의 시각과 생각을 알아보기에 좋은 기회가 된다.

부동산은 금이나 골동품처럼 형체를 가지고 있기 때문에 실물자산 또는 비금융자산이라고 부른다. 부동산을 비롯한 이러한 실물자산들

> **내 아이를 위한 3개의 통장 TIPS**
> **아이와 함께 부동산 이야기하기**
>
> - 우리집은 어떤 부동산 형태인가?(단독주택, 아파트, 다세대주택, 주상복합 등)
> - 우리집의 주인은 누구인가?
> - 아이가 어른이 되면 어느 지역에서 살고 싶은지 물어보자. 그 지역에 살고 싶은 이유는 무엇인가?

은 사고파는 사람에 의해 가격만 변할 뿐, 그 모양이나 수량이 쉽게 변하거나 사라지지 않는다. 또 부동산의 경우 이 세상에 똑같은 것이 2개 존재할 수 없다. 따라서 부동산은 공급보다 수요가 항상 많은 편이라 한번 오른 가격은 좀처럼 내려가지 않는다.

부동산을 통해 수익을 얻는 방법은 크게 두 가지로 나눌 수 있다. 첫째는 부동산을 구입한 가격보다 높은 가격에 판매해 차익을 얻는 방법, 둘째는 구입한 부동산을 다른 사람에게 빌려줌으로써 임대료를 받는 방법이다. 부동산을 사고파는 것을 매매라 하고, 부동산을 다른 사람에게 빌려주는 것은 임대, 다른 사람으로부터 빌리는 것은 임차라고 부른다. 또한 매매 중에서도 하나의 부동산을 여럿으로 나누어 판매하는 것을 분양이라고 한다.

사실 아이는 임대료의 개념을 잘 모른다. 그러나 우리가 이용하고 있는 많은 것들의 가격에는 임대료가 반영되어 있다. 유료주차장을 이용할 기회가 있다면 시내에 있는 주차장의 요금과 한적한 변두리에 있는 주차장의 요금을 비교해서 차이가 생기는 이유를 설명해보

자. 바로 부동산 가격이 차이 나기 때문이다. 흔히 사람들이 많이 몰리는 곳의 부동산 가격이 높다. 따라서 자연히 다른 지역에 비해 월등하게 비싼 임대료를 지불할 수밖에 없고, 그로 인해 판매자는 소비자에게 더 많은 돈을 요구한다.

그러면 같은 동네에서도 위치와 조건에 따라 부동산 가격이 다른 것은 왜일까? 아파트의 경우 같은 평수라도 방향이나 층수, 위치에 따라 가격이 달라진다. 학급에서도 선생님의 눈에 잘 띄지 않는 자리가 아이들이 가장 선호하는 자리이듯이, 집이나 가게도 사람들이 좋아하는 곳이 인기가 많다. 따라서 같은 상가 안에서도 임대료는 다를 수밖에 없다.

내 아이를 위한 3개의 통장 TIPS
아이와 함께 주변 상가 살피기

- 우리 마을을 꾸며보자. 우리 동네에 생겼으면 하는 건물이나 시설은 어떤 것이 있나? 그 이유는?
- 우리 동네에 위치한 상점이나 학원, 병원 등의 위치를 한번 살펴보자. 그런 업종이 그 위치에 있게 된 이유는 무엇일지 생각해보자.
- 우리 동네 집값을 아이에게 알아오도록 하자(5곳 이상. 공인중개소 앞에 가면 가격이 쓰인 곳이 많다).
- 우리 동네 집값을 매매, 전세, 월세로 구분해 가격을 이야기하자.
- 우리집의 등기부등본을 떼어보자. 등기부등본 중 주요 용어에 대해 아이와 함께 이야기해보자.
- 도시 건설게임을 아이와 함께 해보자(심씨티, 부루마블 등).

08
시험 못 보면 대신 혼나주는 보험은 없나요?

살다보면 사고가 나서 크게 다칠 수도 있다. 그리고 예상치 못한 큰 병에 걸려 병원에 입원할 수도 있다. 이처럼 갑자기 곤란한 상황에 처할 때 큰 힘이 되는 것이 보험이다. 보험에 가입하면 매달 일정한 금액의 돈을 보험회사에 낸다. 그러다 갑자기 사고가 생기면 보험회사는 미리 정해진 금액을 보험가입자에게 지급한다. 다시 말해 보험은 적은 돈을 들여 앞으로 닥칠지 모르는 위험에 대비하는 제도이다. 그렇기 때문에 흔히들 보험을 재테크의 한 방법으로 일컫기도 한다.

보험의 역사를 보면 집단생활을 했던 고대시대부터 거슬러 올라간다. 로마시대에도 보험은 같은 맥락으로 존재했다. 도시 하층민들이 유족들의 장례비용과 생계비를 위해 또는 구성원 가운데 천재지변으로 불행한 사고를 당했을 경우에 공동으로 부담하는 제도를 마련했다. 중세 유럽 역시 도시 상공업자들을 중심으로 길드라는 조직을 만들어 영주의 권력에 대항하면서 도시의 정치적, 경제적 실권을 쥐고 생산과 판매, 노동의 문제, 물건가격 등을 규제했다. 이러한 길드에서는 병이나 사업 실패로 어려워진 사람들을 돕기도 하고 길드 조합원이 사망했을 경우, 어려워진 유가족들의 최소한의 생활비를 책임져 주기도 했다.

우리나라에도 이와 유사한 생명보험이 있었다. 신라시대의 '창', 고려시대의 '보', 조선시대의 '계'라는 일종의 상호부조제도가 있었으며, 근대적 생명보험은 1876년 일본과의 강화조약 체결 이후 일본인에 의해 도입되었다. 이것이 오늘날로 이어지는 보험의 형태이다.

보험에 대해 아이에게 이야기를 해줄 때는 보험의 역사를 재미있게 각색해 말해주면 흥미로워 한다. 그리고 현재 부모가 가입하고 있는 보험증서를 꺼내 살펴보게 하는 것도 좋다. 직접적인 교육도 되고, 그 기회에 부모도 다시 한 번 보험에 대해 되돌아볼 기회도 된다.

아이를 대상으로 한 경제교육에서는 아이에게 직접 원하는 보험을

내 아이를 위한 3개의 통장 TIPS
아이와 함께 '내 보험' 만들어보기

- 우리 가정은 어떤 보험에 들어 있는지 보험가입증서를 모두 꺼내 이야기 해보자.
- 내가 보험을 만든다면 어떤 보험을 만들까? 그 이유는?
- 아이가 아이디어를 낸 보험에 대한 보험증서를 발급해주고, 실제로 아이가 용돈에서 일정액을 매달 부모에게 준 다음 보험 내용을 보장받도록 가정의 제도를 만들어보자.

만들어 보라고 권한다. 그러면 기발한 아이디어들이 속출한다. 그중 가장 많이 나오는 것은 '시험보험'이다. 시험 때문에 너무 스트레스를 받기 때문에 그런 보험이 꼭 있었으면 좋겠다는 아이의 순박한 바람이다. 그런데 더욱 재밌는 것은 시험을 못 봐서 스트레스를 받는 게 아니라 부모에게 야단맞을 게 두려워 스트레스라는 거다. 그래서 대신 야단맞는 보험이 생겼으면 좋겠다는 것이다.

이밖에도 왕따보험, 동생 대신 봐주는 보험, 심부름 대신하는 보험 등등 갖은 아이디어가 다 나온다. 이처럼 부모가 아이에게 만들고 싶은 보험에 대해 이야기하면 더욱 재미있는 교육이 된다.

09
아이스크림에도 세금이 붙나요?

한 나라의 경제를 이루는 큰 기둥은 가계, 기업, 정부다. 가계는 경제의 가장 작은 단위로, 경제활동을 하는 가족의 다른 이름이다. 생산요소를 제공하고 그 대가로 소득을 얻어 소비, 저축 등의 경제활동을 하는 경제의 기본 단위이다. 주로 부모가 사회에 나가 일을 하고 버는 돈으로 소비하고 일부는 저축을 하고 각종 세금을 낸다.

기업은 개인과 개인이 모여 형성된 그룹이나 집단들이 이윤을 얻기 위해 모인 조직이다. 기업은 사람들이 필요로 하는 물건과 서비스를 만들고, 개인이 돈을 벌 수 있는 일자리를 제공해 경제가 잘 돌아가게 하는 경제의 근간이다.

이처럼 가계, 기업 등의 경제 주체들이 서로 다툼 없이 경제생활을 잘 해나갈 수 있도록 법으로 시장을 통제하는 역할을 하는 게 정부이

다. 정부는 경제가 잘 돌아갈 수 있도록 각종 규칙을 만들고, 규칙을 잘 지키는 주체에게는 혜택을, 그렇지 못한 주체에게는 제재를 가하는 경제의 보안관 역할을 한다. 그리하여 경제가 움직임으로써 생기는 이익이 한쪽으로 치우치지 않고 국민 모두가 골고루 누릴 수 있도록 한다.

경제의 세 주체인 가계, 기업, 정부 사이에는 재화와 서비스, 화폐가 끊임없이 순환한다. 가계는 기업이 제품을 만들어내는 데 필요한 생산요소를 제공한다. 그리고 생산요소를 제공한 대가로 얻은 소득으로 기업이 생산한 재화와 서비스를 구입한다. 기업은 가계에 재화와 서비스를 제공해 수입을 얻는다. 정부에서는 가계와 기업으로부터 세금을 걷고, 그 세금을 이용해 공공재와 공공서비스를 제공한다. 이것을 국민경제의 순환이라고 한다.

아이 입장에서 정부와 세금은 너무 큰 의미라 제대로 받아들이기 어렵다. 하지만 우리 주변에 얼마나 많은 정부의 일이 있고, 얼마나 많은 세금이 나날이 부과되는지, 이 기회에 살펴서 알려주면 좋다.

우선 집안에서부터 정부와 관련된 일을 포스트잇으로 붙여보자. 일단 전등에 붙일 수 있고, 가스레인지와 보일러에도 붙일 수 있다. 전기와 가스는 정부에서 공급하기 때문이다. 어디 뿐인가! 쓰레기통에도 붙여야 한다. 쓰레기 수거와 처리를 해주니까. 그밖에도 도로, 소방, 경찰서, 신호등, 쓰레기 분리수거함 등등 너무나 많은 것들에 정부가 역할을 하고 있음을 알게 된다.

이와 마찬가지로 세금도 함께 찾아보자. 평소 세금은 어른만 내는

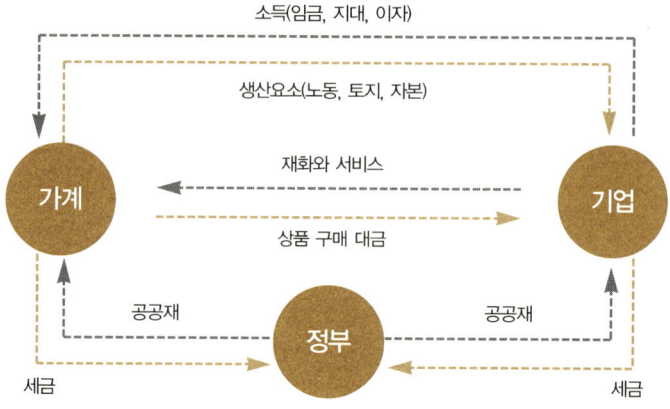

것으로 생각하기 쉬운데 물건 하나를 사도 거기에 세금이 붙어 있다는 것을 모른다. 간단하게 알 수 있는 방법은 마트의 영수증을 살펴보는 것이다. 마트의 영수증에는 부가세와 같은 세금이 분명히 표시되어 있다. 그밖에 다른 어떤 영수증에도 세금이 찍혀 있으니 무심히 지나치지 말고 아이에게 찾아보게 하는 것도 좋은 방법이다. 그리고 세금을 내고 공과금을 낼 때 아이와 함께 은행에 가는 것도 좋다. 세금이 얼마나 가까이 우리 곁에 있는지도 알게 될 테니 말이다. 또한 우리 가정에서 1년에 내는 세금 영수증들을 한 자리에 붙인다. 그러면 얼마만큼의 세금을 내고 있는지도 알 수 있다.

　이렇게 낸 세금들은 모두 정부에서 국민에게 필요한 공공재로 다시 돌려준다. 어릴 때부터 이러한 순환관계를 알면 정치에 대해서도 남다른 생각을 갖는다. 누구나 열심히 벌어 나라에 세금을 내고 있고, 정부에서는 그 돈으로 열심히 국민을 위해 일하고 있다. 그러나 때로는 우리가 원하지 않는 방향으로 일이 진행될 때도 있다. 그것이 단지 정치인들만의 일이 아니라 내 일임을 자연스럽게 생각할 수 있는 기회가 된다.

내 아이를 위한 3개의 통장 TIPS
아이와 함께 정부와 세금 관련 제품 찾기

- 우리집에 들어와 있는 정부의 일에 대해 찾아보자. 포스트잇을 붙여보자.
- 마트에서 물건을 산 뒤 영수증을 보고 세금이 어디에 숨어 있는지 찾아보자. 영수증에 형광펜으로 표시를 하자. 아이스크림처럼 아이와 친숙한 것들에는 얼마의 세금이 붙어 있는지도 알아보자.
- 우리집은 한 달 또는 1년에 얼마의 세금을 내는지 함께 계산해보자.
- 내가 정부라면 우리집과 우리 마을을 위해 어떤 일을 해줄 수 있을까?
- 집에서 포스트잇 게임을 해보자. 정부 관련 제품과 서비스는 노란색, 기업(회사)에서 생산한 제품이나 서비스는 파란색, 집에서 직접 생산한 제품이나 서비스는 붉은색 포스트잇을 붙여보자.

10
아빠 월급은 얼마에요?

아이에게 아빠의 자리는 어느 정도일까? 조금 슬픈 이야기이긴 하지만 아이에게 있어 아빠란 그리 살가운 존재가 아니다. 매일 일을 하고 들어오는 아빠는 가족들과 좀체 어울릴 시간이 없다. 늘 피곤하다는 말로 자리에 눕기 바쁘고, 주말에도 TV 보며 자신만의 여가를 즐긴다. 한 공간에서조차 가족이 함께 하지 못한다는 느낌을 주는 건 언제나 아빠의 미미한 존재감 때문이다.

돈을 벌어다 준다고는 하지만 계산은 주로 엄마가 한다. 매일 밤늦게 들어와 "가족을 위해 일하느라 늦었다"라고만 한다. 도대체 그 '일'이라는 것이 무엇이기에… 아이는 좀체 아빠의 행동을 이해할 수 없다. 그저 안 좋은 모습만 보게 될 뿐이다. 심지어 아이의 학년과 반도 모르는 아빠의 경우라면 그저 아빠 자신만을 위해 돈을 버는 모습으로 비춰지기 십상이다.

아빠 스스로가 어떤 일을 하고 있는지를 아이에게 정확하게, 또 상세하게, 그리고 솔직하게 얘기해야 한다. 이는 엄마도 마찬가지이다. 설사 아빠가 스스로 자랑스러워 하지 않는 직업을 가지고 있어도 아이는 열심히 일하는 아빠의 모습에 거부감을 느끼지 않는다. 오히려 어떤 직업이든 부모가 사회에 공헌을 하며 성실하게 일하는 모습을 보면 아이는 자부심을 느낀다.

'직업이 초라해 아이가 창피해하지 않을까' 하고 미리 겁먹고 숨기는 부모 때문에 오해와 왜곡이 생긴다. 부모의 직업이 무엇인지 제대로 모르고 청소년 시기를 보내면서, 직업에 대한 잘못된 인식으로 인해 부모의 직업이 창피하다고 느끼는 것이다.

아이가 부모의 직업을 모르면 생기는 또 하나의 문제점은 상상력이 둔해진다는 점이다. 아이의 감각은 체험과 학습, 미디어를 통해 직·간접적으로 쌓이는데, 직업에 대한 체험의 기회는 적기 때문에 순전히 미디어에 의존할 수밖에 없다. 그래서 분명히 직업에 대해 한계와 모호성이 있기 마련이다. 당연히 아이의 장래 희망도 다양하고 구체적이지 못하게 된다.

실제로 희망직업을 써보라고 하면, 우리나라 아이들은 연예인, 스포츠스타, 의사나 변호사, 교사 등 대표적인 직업들에 관한 답변이 90%를 차지한다. 반대로 똑같은 질문을 미국 아이들에게 한 결과, 직업의 귀천 없이 100여 개의 다양한 대답들이 나왔다. 결과적으로 볼 때 아이가 일과 직업에 대해 얼마만큼 알고 있느냐에 따라 확연한 차이가 있었던 것이다.

또 어른이 되었을 때 받고 싶은 희망연봉을 쓰라고 했을 때에도 우리나라 어린이들은 대략 3천~4천만원 정도를 가장 많이 썼다. 그러나 미국 어린이들은 원으로 환산해 1억 5천만원 정도의 답변이 제일 많았다. 이유는 아이가 경제교육을 통해 물가상승이라는 것을 알고, 실질적인 급여에 대해서도 알고 있기 때문이다. 그만큼 현실경제를 익히고 있는 것이다.

아이들에게 질문을 하면 자기 아빠의 월급을 제대로 알고 있는 아이가 거의 없다. 심지어 자신이 생각하는 제일 큰 단위이 '백만원'이라고 말하는 아이가 제일 많았다. 진짜 그 아이의 아빠 월급이 백만원이어서일까? 아니다. 아이가 부모에게 소득에 대해 들은 적이 없기 때문이다. 설령 "아빠는 월급이 얼마예요?"라고 아이가 물으면 그냥 적당히 '백만원'이라고 얼버무린 결과이기도 하다. 이러한 모호한 단위가 돈에 대한 모호한 경제관념으로 자리 잡게 되는 것이다. 이제 조금 더 솔직해지자. 아이의 꿈을 '백만원' 짜리로 키울 수는 없지 않은가!

부모의 직업과 일에 대해 어려서부터 정확히 알고 있는 아이는 일종의 '도제' 교육을 받는 것과 같다. 가령 광고회사에 다니는 아빠가 아이에게 직업에 대해 많은 이야기를 해준다고 하자. 그 아이는 광고와 홍보에 대해 조기교육을 받은 것과 다름없다. 적어도 용어와 분위기는 익숙할 테니 말이다. 나중에 입사시험을 볼 때도 면접에서 남들보다 우위에 설 것임은 두말할 필요가 없다. 그 분야가 아니라 다른 분야의 직업을 택하게 되더라도 훨씬 더 구체적인 시각을 갖게 될 것이 분명하니 출발점이 다를 수밖에 없다.

임상 심리학자이자 〈돈에 대한 생각〉의 저자인 브래드 클로츠 박사는 어른들이 아이에게 돈에 관해 말하는 제대로 된 방법을 제시해 준다. 그 가운데 강조한 것이 '최대한 정직하라'는 것이다. 자녀가 부모의 수입을 물었을 때 "내가 돈을 얼마나 버는지 알 필요 없어"라고 말하는 것은 옳지 않다. 이렇게 아무 말도 안 해주는 것이 아이로 하여금 '돈을 많이 갖고 있거나 적게 갖는 것은 부끄러운 것'이라는 메시지를 보낸다고 지적했다. 그 결과 아이는 돈을 갖는 것은 나쁜 것이며, 부자들은 나쁘다는 믿음을 갖게 된다.

물론 부모의 재정 상태를 아이에게 시시콜콜 말할 필요까지는 없다.

내 아이를 위한 3개의 통장 **TIPS**
아이와 함께 **직업 이야기하기**

- 아이의 직업 유형과 적성을 알아보자. 노동부 워크넷 www.work.go.kr 에 가면 초등, 청소년을 위한 무료 직업심리검사 및 미래의 직업유형에 대해 자세한 분석이 가능하다. 아이와 함께 활용해보자.
- 엄마나 아빠가 하는 일이 무엇인지 알아보자. 엄마, 아빠의 회사는 무엇을 하는 곳일까?
- 우리 동네에는 어떤 종류의 직업들이 있을까?
- 어린이들에게 가장 인기 있는 직업들은 무엇일까?
- 20년 후 어떤 직업들이 인기가 있을까?
- 아이의 미래 꿈과 희망 직업을 구체적으로 이야기해보자.
- 신문이나 잡지를 이용해 아이의 꿈과 희망 직업과 관련된 이미지를 오려 도화지에 그림을 만들어보자.

그러나 감추거나 부끄러워한다는 태도가 전달되지는 않아야 한다. 거기에서부터 돈에 대한 긍정적 이미지가 시작되기 때문이다.

노동의 가치에 대해서도 일깨워주자. 노동은 사람들이 원하는 것을 생산하기 위해 일하는 것을 말한다. 취미나 여가와 다른 점은 돈을 벌기 위한 것이라는 점이다. 경제교육을 마친 후 아이가 집에 돌아가 제일 먼저 하는 말은 "돈 버는 게 이렇게 어려운 줄 몰랐어요, 엄마 아빠 고마워요. 이제 돈 아껴 쓸게요"라는 것이다. 직접 노동을 통해 돈을 벌어보면 그것이 생각보다 훨씬 어려운 일임을 알기 때문이다. 또 하나, 엄마에 대한 시각도 달라진다. 우리가 교육에서 빼놓지 않고 가르치는 것이 '주부의 가사노동 가치'이기 때문이다.

아이는 전업주부인 엄마가 자신을 위해, 또 가정을 위해 힘들게 일한다는 것을 잘 안다. 그러나 그것이 돈으로 환산될 수 있다는 것은 모른다. 그러다 가사노동의 가치가 실제로 돈으로 환산된 적이 있다는 것을 알면 모두 깜짝 놀란다.

내 아이를 위한 3개의 통장 TIPS
아이와 함께 노동 익히기

- 우리집에 필요한 노동은 어떤 것들이 있을까?
- 주부가 가장 힘들어 하는 일은 무엇일까? 순위를 1~5등까지 정해보자.
- 내가 도울 수 있는 일은 어떤 게 있을까?
- 아이에게 우리집에서 가사 도우미를 쓴다면 얼마나 비용을 주어야 할지 물어보자. 그러한 가격을 산정한 이유와 실제 가사 도우미의 비용을 알아보고 비교해보자.

2010년 법원에서의 판결 내용을 보면 "휴일도 없이 밤낮으로 일하는 가정주부의 가사 일은 최소한 월 200~250만원으로 평가해야 한다"는 판결이 나왔다. 만약 엄마가 일을 할 수 없는 상황이 되어 대신 일을 해주는 도우미 아주머니를 쓸 경우 비용이 얼마라는 것을 알면, 아이는 고개를 끄덕인다. 그리고 엄마가 하는 일은 그것 이상이라는 것을 알기에 그 가치가 훨씬 크다는 점도 금세 깨닫는다. 그래서 집에 돌아가면 "엄마, 고맙습니다"라고 인사부터 한다.

11 안 쓰는 장난감을 팔 수 있나요?

지금까지 우리나라의 경제교육은 주로 소비자교육에 집중되어 왔다. 그러다보니 아껴 쓰고, 절약하고, 남기고, 재활용하고, 용돈기입장 잘 적기 등을 미덕으로 여기는 아이가 대부분이다. 하지만 아이의 미래를 위한 더 큰 경제교육에서는 더 많이 벌어 잘 쓰도록 교육하는 것이 바람직하다. 쓰지 않고 아끼기만 한 아이는 여유로운 상황에서도 쓸 줄을 모르기 때문이다. 내 아이의 윤택한 삶을 위해서는 무조건 아껴 쓰기를 교육하는 것보다는 더 벌어들이는 방법을 가르치고, 즐겁게 돈을 쓰는 방법을 알려주는 게 절실하다.

현대사회에서는 생산자도 과거에 비해 많이 늘어났다. 예전에는 99%는 소비자, 1%는 생산자였지만 요즘은 인터넷과 1인 창업이 활성화되면서 소비자이면서 생산자이기도 한 사람들이 부쩍 늘었다.

인터넷 쇼핑몰, 스마트폰 앱스토어, 벼룩시장, 아르바이트 등을 통해 우리는 생산자의 체험을 할 수 있게 된 것이다.

실제로 이제 중고생, 더 나아가 초등학생들의 창업 사례들도 심심치 않게 만난다. 중학교 3학년 여학생은 인터넷 의류쇼핑몰을 열어 월 5천만원의 매출을 올리는 사업가로 성공한 사례도 있다. 10대 여중생과 여고생의 감성을 공략한 것이 주요 성공 요인이 된 것이다.

사업에 대한 도전은 작은 생각의 전환으로도 가능하다. 경제교육을 받은 초등학교 5학년인 민지는 기발한 사업을 생각해냈다. 어느 날, 시험이 끝난 뒤 교실에 나뒹구는 수성사인펜을 보자 '한 개 천원이나 하는 건데'란 생각에 아까운 마음이 들었다. 단 한번밖에 사용되지 않은 컴퓨터용 사인펜. 민지는 그날 이후 시험이 끝날 때마다 버려지는 수성사인펜을 열심히 모았다. 그렇게 모은 수성사인펜은 한 학기 만에 자그마치 500개가 넘었다.

그리고 또 다시 찾아온 시험날 아침, 민지는 그 수성사인펜을 반값에 팔기 시작했다. 아이들은 문구점에서 천원 하는 사인펜을 오백원에 살 수 있어 무척 좋아했다. 어느새 민지가 모은 사인펜은 다 팔리고 그 금액은 자그마치 20만원이 넘었다. 일부 아이의 싫은 소리도 들었지만 버려지는 자원을 활용해 수익을 남긴 민지는 분명 남들과 다른 시각을 가진 아이였다. 그러나 안타깝게도 이후 학교에서 '상업행위'를 금지한다는 이유로 민지의 사업은 더 이상 키워갈 수 없었다. 하지만 훗날 민지의 미래에 한층 더 큰 기대를 갖게 한다. 왜냐하면 민지는 사업과 창업에 대한 남다른 경험을 통해 다른 세상을 맛봤

기 때문이다.

　직접 체험하는 것만큼 더 좋은 교육은 없다. 민지의 경우처럼 어린이 경제교육에서는 반드시 사업 체험을 시킨다. 업종 선정도 스스로 하게 하고, 사업자등록증도 간단하게나마 발급해 사업장에 걸어놓게 한다. 물론 가게의 자리 선정도 경쟁을 통해 좋은 자리를 확보하게 하고, 가격표와 영수증을 만들며 어렵다는 재무제표도 작성하게 한다. 이렇게 판을 벌려주면 아이는 이제 척척이다.

　스스로 돈을 더 많이 벌 수 있는 갖가지 방법을 연구해 이벤트도 열고, 광고판도 만드는 아이디어를 낸다. 이렇게 한 번씩 사업 경험을 하고 나면 '돈 벌기 어렵다'는 것도 깨닫지만 또 한편으로는 '사업이라는 게 다른 세상에 있는 게 아니구나. 누구라도 해볼 수 있는 거구나. 재밌네'라는 생각도 한다. 그 순간부터 아이는 꿈을 꾸고 목표를 세우고 스스로 움직인다. 즉, 경제활동의 확실한 동기부여가 되는 것이다.

　아이는 어떤 품목을 선택해야 사람들이 많이 찾아 수익을 많이 남

내 아이를 위한 3개의 통장 TIPS
아이와 함께 창업하기

- 더 이상 쓰지 않는 물건들을 모아 벼룩시장을 찾아 판매해보자.
- 실제로 창업을 경험해보자. 인터넷 쇼핑몰을 찾아 직접 매장을 개설해보자. 업체별로 강좌와 더불어 간단히 제작할 수 있는 방법들을 제공하고 있다.
- 우리의 제품을 올리고 판매를 해보자. 실제로 창업을 경험해보자.

_____ 의 사업계획서

회사명	
제품명	
회사소개	
제품 특징	
제품개발 소요자금	
현재 자본금	
필요자금	

20   년   월   일

내 아이를 위한 3개의 통장 TIPS
아이와 함께 사업계획하기

- 사업계획서를 작성해보자. 제품 설명, 대상 고객, 가격과 원가 산정, 판매 방법과 장소, 홍보 방법, 투자금과 이익금 산출 정도만 내용에 들어가도 좋다. A4 용지 1장 정도에 모두 들어갈 수 있도록 함께 만들어보자.
- 우리 가족을 위한 떡볶이 사업계획서를 작성해보자. 여기에는 목표, 브랜드명, 요리법, 장보기 리스트, 총 소요비용, 가족에게 판매한 후 이익금 등의 항목을 기재한다.

길지 고민하고, 물건을 팔기 시작한 후에는 어떻게 해야 사람들을 더 모이게 하고 더 많이 팔리게 할지도 고민한다. 그러면서 생산자의 입장을 경험하고, 이 과정 하나로 그동안 배웠던 경제의 모든 원리들도 순식간에 체득한다.

아이에게 사업계획서를 직접 작성하도록 만들어주자. 사업계획서란 간단히 말하자면 '사업을 어떻게 하지?'에 대한 계획을 미리 짜보는 것이다. 먼저 자신이 생각하는 상품이나 서비스가 무엇인지 설명을 하고, 다른 사람들의 반응이 어떨지, 얼마나 팔 수 있을지, 어떻게 어디서 팔 것인지, 가격은 얼마로 할 것인지, 전체적인 시간관리와 인력관리는 어떻게 할 것인지 등을 적는다. 그리고 몇 개를 얼마에 팔아서, 얼마를 남길 것인지에 대한 부분을 마지막으로 적는다.

사실 사업계획서 작성에서 반드시 따라야 하는 법칙은 없다. 사업을 하는 사람이 가장 쉽게 알 수 있도록 정리하고, 혹시 누군가에게 투자를 받기 위해 쓴다면 보는 사람이 잘 알아보고 투자를 하고픈 생

각을 갖도록 하면 된다. 아이에게 사업계획서는 '미리 계획한다, 다른 사람을 설득한다' 정도의 교육이면 충분하다.

사업이라고 거창하게 생각할 것이 아니다. 친구들과 벼룩시장을 열어 무엇을 팔아보겠다는 작은 계획이라도 좋다. 어차피 사업의 과정은 크게 다를 바 없기 때문이다. 따라서 아이가 사업을 구상해 자금을 요구한다면 기꺼이 투자할 줄 아는 현명한 부모가 되자!

 12

과자 광고에 왜
아이돌 가수가 많이 나오나요?

"나는 빅뱅 오빠들이 광고하는 걸로 살 거야", "이건 유기농 제품으로 만들어졌대"라고 하면서 똑같은 제품 하나를 사더라도 내가 좋아하는 스타가 광고하는 제품을 선호한다. 우리는 늘 광고를 통해 상품의 정보를 얻고, 설사 그것이 모두 사실이 아니더라도 좋은 상품이라고 여긴다. 보기 좋은 떡이 먹기도 좋다고 한순간 믿어버리는 것이다. 그래서 광고는 회사의 이미지와 매출에 직접적 영향을 준다.

이러한 이유로 기업마다 제품의 마케팅 경쟁은 매우 치열해졌다. 제품의 이미지 포장을 위해 유명 스타를 활용한 스타마케팅을 하고, 초호화 이미지 광고로 엄청난 돈을 쏟아 붓는다. 도대체 마케팅이 우리의 소비에 직접적으로 어떤 연관성이 있기에 이처럼 정성을 쏟는 것일까?

마케팅이란 '시장Market에서 일어나는 모든 일'을 말한다. 생산자의 입장에서 시장에서 가장 중요한 것은 물건을 잘 팔고, 많이 파는 것이다. 그래서 마케팅은 잘 팔기 위한 다양한 계획과 방법에 대해 고민하는 것이다. 사업과 창업의 목적은 이익 창출에 있다. 회사의 이익을 내기 위해서는 내가 가진 물건이 사람들에게 잘 팔려나가야 하며, 회사로서는 그 고민을 하는 것이 매우 당연하다.

더욱이 현대에 마케팅 비중이 커진 것은 유사 업종의 기업들이 대거 생겼기 때문이다. 과거에는 특정 상품을 판매하는 회사와 물건이 부족했다. 그래서 일단 만들기만 하면 사려는 사람들로 넘쳤으므로 굳이 광고 같은 것을 할 필요가 없었다. 그러나 요즘은 다양한 회사와 제품들로 넘치기 때문에 사업자는 소비자의 눈길을 사로잡아야 하나라도 더 팔 수 있게 된 것이다. 결국 마케팅의 비중이 높아진 것은 경쟁할 회사들이 많아졌다는 것을 의미한다.

이처럼 기업들의 영리 목적에 절대적으로 필요한 마케팅은 현재 어떻게 이루어지고 있을까? 기업들의 마케팅 방법들에 대해 살펴보자. 먼저 아이의 흥미를 유도하기 위해 아이에게 인기 있는 장난감, 과자 등에 어떤 마케팅이 숨어 있는지부터 이야기해보자.

우리가 제일 많이 접하는 마케팅 방법은 광고이다. 광고는 TV, 신문, 라디오, 인터넷 등의 여러 매체를 통해 돈을 주고 제품이나 서비스를 알리는 행동을 말한다. 그 외에도 제품을 알릴 수 있는 방법들을 통틀어 말하기도 한다. 가령 아르바이트를 고용한 전단지나 길거리 홍보 등도 이에 포함된다. 광고 외의 또 하나 마케팅 방법은 홍보이다. 간혹 광고와 홍보의 구분을 어려워하는 사람도 많은데 돈에 따라 이해하면 쉽다. 광고는 제품을 팔려는 목적으로 광고비를 지불하면서 제품을 알리는 행위이고, 홍보는 직접 돈을 지불하지 않고도 간접적으로 제품을 알리는 것을 말한다. 즉, 영화나 드라마에 제품을 협찬한다든가, 제품을 기부하거나 후원 또는 이벤트를 진행한다든가 하는 방법이 홍보라 할 수 있다.

이 중 우리가 주로 접하는 광고매체는 TV광고이다. TV광고를 보면 유명 연예인들이 대거 등장한다. 유명 스타에게 수억 원의 광고모델료를 줬다는 기사도 심심치 않게 등장해 놀라기도 하는데, 사실 기업에서는 유명 연예인의 출연료만 광고비용으로 지출되는 게 아니다. TV에서 광고를 방영해주도록 방송국에 지불하는 비용도 발생한다. 예를 들어 과자광고에 연예인 출연료 2억원, TV 광고비용 5억원이 들었다면 기업의 총 광고비용 지출은 7억원이 된다. 1천원짜리 과자의 원가를 50%, 다른 비용은 없다고 가정하고 광고비용만 회수한다 해도 자그마치 140만 개를 팔아야 한다. 그 외에 유통, 프로모션, 연구비, 재고비, 관리비 등 다른 비용을 포함해 계산하면 더 많은 과자를 팔아야 한다.

따라서 그 비용은 결국 제품에서 보상받아야 하며, 이는 곧 소비자가 부담한다. 제품 자체의 재료비, 생산비, 운송비 등 기본적인 비용을 제외하고도 소비자는 광고 홍보비용까지 더해 값을 지불하는 셈이다. 이를테면 800원만 내도 될 과자를 광고비 때문에 200원은 더 내고 사먹는 것이다. 광고는 기업의 매출을 올리는 데만 이용되는 것이 아니다. 유명 스타들도 광고를 통해 큰 수입을 올린다. 스타들은 본 직업보다 광고 출연이 자신의 수입에 더 큰 비중을 차지한다.

물론 마케팅이 스타마케팅에만 국한된 것은 아니다. 하지만 스타마케팅이 너무 노출되면서 이제는 더 참신하고 눈에 띄는 아이디어를 찾기 위해 기업들이 고민하기 시작했다. 현명한 경제소비자가 늘어나면서 소비자의 선택은 스타에만 의존해서는 안 된다는 결론을 냈기 때문이다. 따라서 마케팅 방법은 점점 발전해갈 것이다. 아이와 함께 어떤 광고가 새롭게 등장하는지 지켜보는 것도 마케팅을 공부하는데 좋은 방법이다.

내 아이를 위한 3개의 통장 TIPS
아이와 함께 가족 광고하기

- 벼룩시장이나 인터넷으로 물건을 팔기로 했다면 우리 물건을 팔기 위한 마케팅 계획을 세워보자.
- 아이에게 인기 있는 장난감, 과자 등의 마케팅 방법이 어떤지 함께 살펴보자.
- 광고에 나오는 유명 연예인들은 누가 있을까? 그 연예인 때문에 물건을 구입한 적이 있는지 생각해보자.
- 광고에 가장 많이 등장하는 연예인이 누구인지 1~5위 맞추기 게임을 해보자.
  - 모든 가족이 생각하는 1~5위를 각자 기록한다.
  - 가족이 함께 모인 시간에 30분간 가장 많이 등장하는 연예인을 1~5위까지 기록한다. 가장 많이 맞힌 사람이 승자가 된다.
- 우리 가족을 소개하는 5분짜리 광고UCC를 캠코더나 스마트폰으로 만들어보자. 만든 광고를 유튜브나 동영상 사이트에 올려 사람들이 많이 볼 수 있는 방법을 함께 찾아보자.

13
피자집은 왜 쿠폰을 발행하나요?

예전에는 쿠폰을 챙겨 쓰고, 포인트를 적립하는 일이 익숙지 않았었다. 왠지 좀생원처럼 비춰질까봐 혹은 무시당할까봐 할인카드를 내미는 일도 못했었는데 이제는 먼저 "포인트 카드 있으세요?" "쿠폰 찍어드릴게요"라는 말을 피해가기가 어려운 세상이 되었다. 언제부터 이렇게 할인의 개념이 다양해졌는지 소비자의 입장에서는 매우 반가운 일이다.

원래 할인은 마케팅의 일환으로 등장했다. 생산자가 더 많은 물건을 팔기 위해 직접적으로 가격을 내리는 전략을 택한 것을 할인이라고 한다. 이익은 좀 덜하더라도 많이 팔아서 보충을 하거나, 오래 보관해서 발생할 수 있는 문제를 미리 방지하기 위해 할인을 하는 경우가 많다.

할인쿠폰은 소비자들에게 일정한 조건이 적힌 쪽지를 배포하는 것

으로 쿠폰을 모아오면 할인을 해주거나 무료로 물건과 서비스를 주는 것이다. 처음 코카콜라에서 마케팅으로 사용됐던 것이 보편적으로 정착하게 되었다. 이처럼 할인과 쿠폰은 마케팅에서 물건을 보다 많이 알리고 판매하기 위한 방법으로 사용된다. 이와 비슷한 방법으로 마일리지, 포인트, 적립제, 회원제 등이 사용되고 있다. 이제는 다양하게 할인제도가 있어 기왕 구입할 물건이라면 회사에서 제공하는 서비스나 마케팅 정책을 꼼꼼히 살펴보고 더 저렴한 것을 선택하는 것도 똑똑한 소비자가 될 수 있는 방법 중의 하나이다.

아이에게 할인제도를 쉽게 접할 수 있게 하는 곳은 놀이공원이나 극장에 갔을 때이다. 먼저 놀이공원의 자유이용권을 생각해보자. 자유이용권의 가격은 놀이기구 3개 정도를 타는 값밖에 안 된다. 그렇게 싸게 팔 수 있는 이유는 많이 몰린 사람 탓에 정작 놀이기구는 몇 개 못 탄다는 계산 때문이다. 실제 놀이공원에 가면 자유이용권을 가진 사람도 3개 이상의 놀이기구를 타는 경우가 흔치 않다. 또 마음이 바뀌어 많이 타지 않을 수도 있다. 이러한 이유 때문에 자유이용권을 할인해도 높은 판매고로 수입을 미리 확보할 수 있어 이익이다.

극장은 할인과는 다른 멤버십제도를 통한 포인트 적립으로 고객의 충성도를 확보한다. 비단 극장뿐만 아니라 마트, 통신회사, 문방구 등 많은 곳에서 이러한 멤버십 제도를 이용하고 있다. 이러한 업종들은 경쟁이 치열하기 때문에 고객들을 많이, 오래 잡아두고 싶어 한다. 그래서 멤버십을 이용해 굳이 이 극장에 올 필요가 없음에도 불구하고 그 극장을 찾도록 하는 것이다. 일단 소비자 입장에서는 회원이 되면 조금 더 혜택이 있는 곳으로 찾는 게 당연한 일 아닌가. 포인트나 마일리지 적립을 통해 얻는 부가적인 이익도 기대한다.

이러한 기대 심리는 쿠폰도 마찬가지이다. 〈스위치〉라는 책에는 쿠폰에 대한 재미있는 사례가 실려 있다. 한 세차장에서 손님이 세차를 할 때마다 도장을 찍어주는 고객카드를 만들어 나눠주기로 했다. 단 고객카드는 두 그룹으로 나누어 첫 번째 그룹에는 8칸에 모두 도장을 채우면 1회 무료세차권을 주고, 두 번째 그룹은 10칸이 있는 카드를 주되 대신 두 칸에는 이미 도장을 찍어주었다.

이렇게 서비스 마케팅을 시작하고 몇 개월 후에 두 카드를 분석했더니 아주 흥미로운 결과가 나왔다. 8칸 카드의 고객 중에서 무료세차권을 얻은 사람은 19%, 반면 10칸 카드를 받은 고객은 34%에 달했다. 똑같은 서비스를 받는 것인데도 결과에 차이를 보인 까닭은 기대 심리가 달랐기 때문이다. 첫 번째 그룹은 카드를 받고 처음부터 목표를 달성해야 한다는 느낌을 받았고, 두 번째 그룹은 목표의 20%를 이

내 아이를 위한 3개의 통장 TIPS
아이와 함께 할인제도 찾아보기

- 우리가 사용하고 있는 멤버십, 쿠폰 등을 모두 꺼내놓고 살펴보자.
- 멤버십 때문에, 쿠폰 때문에 필요 없는 것을 구입한 적은 없는지 생각해 보자.
- 멤버십이나 쿠폰을 이용해 '정말 이득을 봤다' 싶은 경우는 언제였나?
- 가정에서 착한일쿠폰, 심부름쿠폰, 요리쿠폰 등을 만들어 아이가 그 일을 성공적으로 해내면 쿠폰을 주자. 같은 쿠폰을 3~5개 모으면 보상을 해 주자.

미 달성했다는 기분이 들었다. 모두 똑같은 과정이라도 어떤 기분으로 시작하느냐에 따라 결과는 크게 차이가 난다. 아예 처음부터 시작할 때보다, 더 긴 과정을 밟더라도 일부가 완료돼 있을 때 더 크게 동기부여를 받는다는 것이 이 마케팅의 숨은 심리다. 그래서 사람들은 쿠폰, 마일리지, 포인트 등과 같은 할인제도에 더 열중한다.

 이처럼 생산자는 끊임없이 소비자를 유혹하는 방법을 연구한다. 어떻게 하면 '고객이 더 많이 찾아와 더 많은 물건을 팔고 더 많은 수익을 올릴 수 있을까?' 하고 말이다. 이것은 비단 물건을 파는 일만이 아니라 우리 스스로의 노동력을 파는 일에도 적용된다.

14
친구에게 돈을
빌려줘도 되나요?

2010년 우리나라의 카드 발급량은 1억 1천만 장을 넘어섰다. 국민 1인당 3장씩 가지고 있는 꼴인데, 경제생활 인구수로 따지면 1인당 소유 카드 숫자는 훨씬 늘어난다. 화폐의 전자화가 트렌드이긴 하지만 무계획적인 카드 사용도 큰 골칫거리이다. 신용카드가 느는 만큼 신용불량자와 카드 연체자도 속출하고 있기 때문이다. 막상 카드 사용을 일상화하다 보면 카드 사용이 '빚'이라는 개념도 희미해진다.

경제교육 한번 받지 않고 직장에 들어간 젊은이들이 입사 후 가장 먼저 하는 것이 무엇일까? 대부분 신용카드를 발급 받는 일이다. 그리고는 평소 사고 싶고, 하고 싶은 일에 카드를 마구 긁어댄다. 첫 월급을 받기도 전에 말이다. 사실 신용카드야 말이 좋지 결국 돈을 빌렸다가 갚는 것이다. 즉 신용카드를 쓴다는 것은 빚을 진다는 의미이다. 하지만 이를 인식하지 못하고 우리 사회는 신용카드를 권장하는 구조로 이루어져 있다. 어디든 신용카드를 사용하지 못할 곳이 없고, 으레 돈보다 신용카드를 먼저 내민다. 그로 인해 돈을 우습게 생각하는 경향이 높아졌다.

훗날 내 아이가 이러한 소비 풍토에 길들여지지 않게 하기 위해서는 일찌감치 신용카드에 대한 올바른 인식을 심어줄 필요가 있다. 신용카드에 대한 인식을 심어줄 때 먼저 아이로 하여금 친구에게 돈을 빌리는 경험을 하게 한다. 그리고 자녀가 빌릴 수 있는 금액이 '신용'이라고 말해준다. 신용은 한마디로 '너를 믿을 수 있는 정도까지'라고 할 수 있다. 그렇게 신용에 대해 설명하면 한층 이해가 쉽다. 그런 다음 신용을 결정할 때는 친구와 친한 정도, 평소 빌려줬을 때 제때 되갚는지 여부, 다른 친구들의 평판 등을 종합적으로 판단해 결정하게 된다.

마찬가지로 은행이나 신용카드회사도 우리의 평상시 친한 정도(은행 거래 기간), 되갚는 능력(과거의 경험), 종합평판(다른 은행, 핸드폰, 세금 등 연체 여부) 등을 종합적으로 고려해 돈을 빌려준다는 것을 말해주면 된다. 즉 신용카드는 너의 경제적·사회적 능력을 고려한 정도만 빌려주는 것으로 반드시 되갚아야 하는 카드사와의 약속임을 주지시킨다.

이러한 신용관계에서 무엇보다 중요시되는 것이 '약속을 지키는 일'이다. 친구들과 약속을 깨면 기분이 나쁘고 관계가 멀어지는 것처럼 신용도 약속이 깨지면 더 이상 거래를 할 수 없다. 바로 이러한 신용의 원칙을 아이에게 깨닫도록 해야 한다. 그러기 위해서는 먼저 부모가 아이에게 신용을 잃지 않도록 노력해야 한다.

나는 예전에 세뱃돈 문제로 부모의 신용을 믿을 수 없었다. "세뱃

돈 맡기면 나중에 더 많이 돌려줄게" 하고선 감감무소식이고, 내가 달라고 하면 "지금까지 너에게 든 돈이 얼만데! 다 그 돈에 포함됐어"라고 역정을 냈다. 그때의 내 심정은 딱 이랬다. '세상에 믿을 사람 없구나.' 이후 '엄마는 신용이 없는 사람'이라고 인식돼 더 이상 엄마에게 돈을 맡기지 말자 다짐하며 비자금을 조성하게 되었다. 아마 나와 같은 경험을 겪지 않은 사람이 없을 것이다.

한때 추억이긴 하지만 이같이 소소한 경험이라도 아이에게는 또 하나의 사고로 받아들여져 신용에 대한 나쁜 관념으로 자리 잡는다. 따라서 돈 거래에서 서로의 신용은 부모와 자식 사이이건 어리건 크건 꼭 지켜야 할 약속이다.

내 아이를 위한 3개의 통장 TIPS
아이에게 신용의 개념 만들어주기

- 아이가 몇 명의 친구에게 돈을 빌려보게 하자. 그렇게 해서 빌린 금액이 신용이 된다.
- 인터넷 전문 사이트를 통해 엄마와 아빠의 신용점수를 확인해보자. 자신의 등급이 왜 그렇게 되어 있는지 가족이 함께 모여 이야기를 나눈다.
- '신.용.카.드.'로 4행시 짓기를 해보자.
- 부모와 신용점수 놀이를 해보자.
   100점을 기준으로 최근 부모가 아이에게 한 약속을 10개 생각해보자.
   - 역시 100점을 기준으로 최근 아이가 부모에게 한 약속을 10개 생각해보자.
   - 약속이 지켜지지 않은 수마다 5점씩을 차감한다.
   - 아이가 생각하는 부모의 신용점수와 부모가 생각하는 아이의 신용점수 중 누가 높은가?

아이와 함께 하는 '경제빙고 게임'

경제가 어렵고 낯설게 느껴지는 가장 큰 이유 중 하나는 단어가 생소하기 때문이다. 일단 단어와 친숙해지면 보다 쉽게 아이가 경제 개념에 다가설 수 있다. 일반 가정에서 게임을 통해 즐겁게 경제용어와 친숙해질 수 있는 경제빙고 게임을 해보자.

1. 빙고 테이블과 펜을 준비한다. 컴퓨터로 그림을 그려서 출력하거나 빈 종이에 그린다.
   (권장 수준 – 초등 1~3년: 4×4, 초등 4~6년: 5×5, 중고등: 6×6 이상)
2. 초등학교나 중학교 교과서 또는 신문에 자주 나오는 경제용어를 선택한다. 부모가 단어를 40개가량 아이와 함께 만든다.
3. 경제용어들 중 각자가 원하는 칸에 단어를 채워 넣는다.
4. 순서를 정해 한 사람씩 돌아가면서 경제용어를 말하고 해당 단어에 O 표시를 한다.
5. 상대방이 부른 단어가 자신에게 있다면 O 표시를 하고, 없으면 그냥 넘어간다.
6. 일직선, 대각선으로 먼저 3줄이 완성되면 '빙고'를 외친다.
   (저학년 일직선 1줄, 고학년 일직선 3개 이상)

권장 경제용어

가격, 공급, 광고, 금융기관, 생산, 소비, 공공재, 도매상, 세금, 시장, 용돈, 은행, 정부, 희소성, 가계, 경제, 기회비용, 복리, 단리, 무역, 분업, 수요, 이자율, 화폐, 대체재, 보험, 외화, 유통, 전자상거래, 증권, 환율, 가계부, 국제수지, 기업, 소득, 자산, 적금, 공정거래법, 배당금, 사회보장, 소비자보호, WTO, FTA, 국민총소득, 균형가격, 신용, 이윤, 기부, 생산성, 정보화, 기업가정신, 합리적선택, 실업자, 인플레이션, 연체, 투기, 부동산, 주식, 채권, 광고, 통신비, 전자화폐, 부도, 직업, 생산성, 마케팅, 시장조사, 재무제표, 부자, 경영, 대표이사, 무역적자, IMF, 금융위기, 경매, 협상, 재테크, 상법, 회계사, 변리사, 관세사, M&A

초등 저학년 빙고 테이블

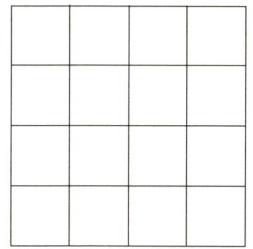

초등 고학년 빙고 테이블

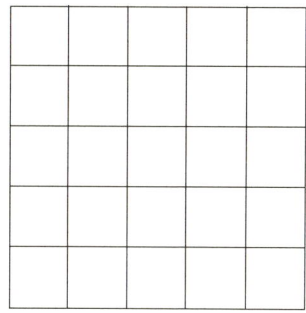

중·고등학년 빙고 테이블

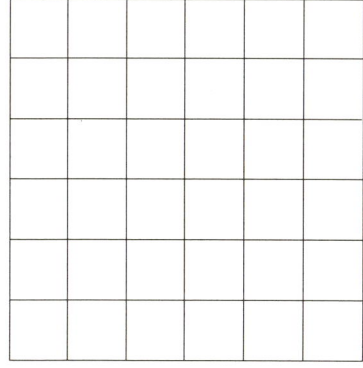

| 에필로그 |

즐거운 경제생활이 행복한 부자를 만든다

돈이 많으면 행복해질 수 있을까? 조선일보, 한국갤럽, 글로벌 마켓 인사이트가 전세계 10개국 5,190명을 조사한 결과 한국인 10명 중 9명은 '소득은 행복과 관계가 있다'고 대답했다. 이 같은 결과를 놓고 보자면 돈과 행복은 아주 밀접한 관계를 맺고 있다. 여기서 우리는 또 하나의 질문을 던질 수 있다. 바로 "한 해 소득이 얼마 정도이면 행복할 것 같은가"이다.

당연히 돈과 행복의 상관관계를 믿는다면 행복을 위한 소득은 상당히 높은 수치여야 한다. 하지만 우리나라는 3,400만원~6,900만원이라는 다소 낮은 수치를 들었다. 이는 설문조사에 참여한 나머지 9개 나라 중에서 가장 적은 금액으로, 그들에게서 공통적으로 나온 답은 연간 '1억 1,400만원 이상'이었다. 한국인은 돈과 행복에 관해 긴 밀한 연결고리를 찾으면서 왜 행복을 위해 필요한 액수는 비교적 낮게 생각하고 있는 것일까?

　우리의 이러한 이중적 태도는 비단 행복액수에만 있는 것이 아니다. 실제로 '돈은 좋아하면서도 부자는 싫어하는' 사고방식 또한 이중적인 태도라 할 수 있다. 2011년 1월 7일 소개된 '돈과 행복'에 관한 조선일보 특집기사에서 이러한 한국인의 의식이 잘 나타난다. 이 기사에서 또한 한국인은 자신의 '돈 걱정'이 미래 세대에도 이어질 것이라고 보았다. 미래 세대를 위협하는 요인으로 '금전적 문제'를 가장 많이 꼽은 나라 역시 한국(29.8%)이었다. 특히 20~30대 남성은 10명 중 4명이 '미래 세대를 가장 크게 위협하는 요인은 돈'이라고 생각했다. 요컨대 돈은 행복한 미래를 위한 필수요건이지만 드러내 놓고 좋아해서는 안 된다는 결론이 나온다.

　우리는 왜 이토록 돈에 대해 왜곡된 짝사랑만 하고 있는 것일까? 돈에 대해 어떤 강박증을 가지고 있기에 그대로의 돈을 사랑해줄 수는 없는 것일까? 이러한 물음의 해답은 결국 돈에 대한 부정적 관습과 경제성장에 함께 따라주지 못한 우리의 경제교육 현실에 있다. 돈에 대한 순화된 감정과 교육이 이루어지지 않는 한 결코 '돈과 행복'이라는 두 가지 키워드는 함께 공존할 수 없다. 따라서 반드시 이 책에서 언급된 바와 같이 바른 경제습관과 교육이 모두 이루어져야 한다. 이 책에서 제시한 3가지 통장과 앨리스의 도움을 받는다면 우리 자녀들에게는 이러한 이중적 태도 대신 돈에 대한 건강한 관심과 지식을 자연스럽게 터득하게 된다.

이 책에서는 아이에 대한 경제교육을 쉽게 설명하기 위해 실제 금융통장에 있는 적금, 금, 주식을 이용했다. 적금통장, 금통장 그리고 주식통장이라는 3개의 통장을 아이와 함께 키워 나가면서 아이가 성장했을 때 큰 힘이 될 수 있는 통장을 만드는 일은 매우 중요하다. 그렇지만 정작 물려주어야 할 것은 부모의 재산에 관계없이 스스로도 부를 축적할 수 있는 '경제생활 생존능력(앨리스)'이다. 이것이 내 아이를 위한 진정한 재테크이다.

경제교육은 학교에서 따로 배우는 과목도 아니며 생활 속에서 항상 이루어진다는 점을 부모들이 인지하고 있어야 한다. 아이가 생활 속에 경제습관을 익히고, 경제교육을 통해 경제의 원리를 깨우치고, 앨리스가 이끄는 금융통장을 통해 든든한 내일을 준비해 나간다면 아이의 부를 이루어주는 튼튼한 3개의 기둥으로 자리 잡는다.

또한 경제습관과 교육, 금융이라는 기둥이 서로의 부족한 점을 보완하고 장점을 강화시켜 나가는 동시에 또 하나의 새로운 기적을 만들게 된다. 그것은 참된 인성과 가족의 화목, 풍족한 부라는 것이다. 이들이 서로를 지탱해주며 완성해가는 것이 바로 내 아이의 '행복한 인생'이다.

이제 더 이상 돈을 우리의 미래를 위협하는 요인으로 봐서는 안 된다. 돈은 우리의 미래를 풍요롭게 해주는 요인이어야 한다. 수십 년 동안 행복을 연구해온 호주 행복연구소Happiness Institute의 티모시 샤프 박사는 "살던 방식대로 계속 산다면 당신의 (불행한) 상태는 변할 리 없다"라고 충고했다. 물론 현재 당신이 결코 불행하다는 것은 아

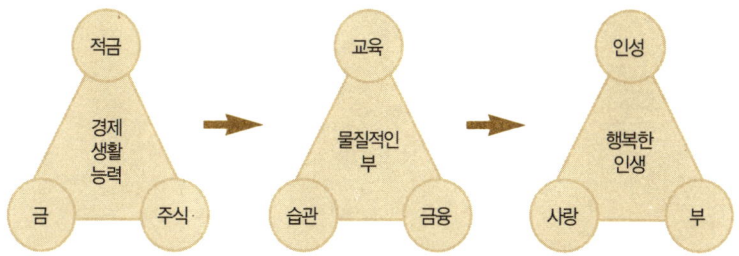

나나 더 행복한 삶을 위해서는 앞으로 나아가야 할 필요가 있다. 불행의 습관이었던 잘못된 경제의식을 바꾸고 나와 내 자녀의 미래를 위해 즐거운 경제활동을 이어간다면 우리가 원하는 돈과 행복의 교집합을 반드시 찾아낼 수 있다. 이것이 행복한 사람으로 부자 되는 가장 확실한 방법이다.

내 아이를 위한 **3개의 통장**

지은이 | 황선하
펴낸이 | 김경태
펴낸곳 | 한국경제신문 한경BP

제1판 1쇄 발행 | 2011년 6월 25일
제1판 3쇄 발행 | 2011년 7월 15일

주소 | 서울특별시 중구 중림동 441
기획출판팀 | 3604-553~6
영업마케팅팀 | 3604-595, 555 FAX | 3604-599
홈페이지 | http://www.hankyungbp.com
전자우편 | bp@hankyungbp.com
등록 | 제 2-315(1967. 5. 15)

ISBN 978-89-475-2799-6   03370
값 13,000원

파본이나 잘못된 책은 구입처에서 바꿔 드립니다.

아름다운 꿈이 이루어지는
앨리스의 마법노트

★ 나의 꿈은 ★

학교 :

학년   반

이름 :

단순한 습관이 용돈관리 능력을 키워줍니다

1. 〈영수증 관리노트〉의 장점
영수증 관리노트는 용돈기입장 교육의 목적을 달성할 수 있도록 고안된 방법입니다. 보다 쉽고 간편하며 시각적으로 금전출납을 관리할 수 있는 장점이 있습니다. 일일이 기록하지 않아도 되고, 직접 체험한다는 점에서 새로운 재미를 느끼며, 습관화될 가능성도 큽니다. 영수증 관리노트는 시중에서 판매되지 않는 상품이지만 누구나 쉽게 만들어 사용할 수 있습니다.

2. 〈영수증 관리노트〉의 준비
우선 빈 노트를 준비합니다. 문구점에서 파는 1,000원짜리 노트면 충분하지요. 노트의 표지에 '영수증 관리노트'라고 정성들여 큼지막하게 쓴 다음 페이지 상단에 날짜를 적어 넣습니다. 그런 다음 그 날짜에 지출한 돈의 영수증을 모두 붙이고 아래에는 합계 금액을 기록합니다. 하루에 꼭 한 페이지를 할당해야 하며 지출이 없으면 '0'이라고 씁니다. 이것이 바로 영수증 관리노트입니다.

〈앨리스의 마법노트〉 사용하기

- 용돈을 사용하는 모든 곳에서 영수증을 받습니다.
- 집에 돌아오면 그날의 영수증을 해당일의 노트에 붙입니다.
- 영수증을 받을 수 없는 '버스비'나 작은 '군것질'의 경우 부모님에게 영수증을 받습니다.
- 잠자기 전 그날의 용돈 사용금액의 합계를 적습니다.
- 용돈을 필요한 곳에 사용했는지 생각해보고 그 이유를 적습니다.
- 1주일이 지나면 1주일간 지출의 합계를 적습니다.
- 용돈에서 지출된 금액이 현재 남아 있는 금액과 비교해 모자라거나 남는지 확인합니다.
- 잃어버리거나 붙이는 걸 잊어버린 영수증이 있는지 확인합니다.

〈앨리스의 마법노트〉를 사용하기 전에

다음의 사항들을 먼저 적어보세요.

- 나의 한 달 용돈은 얼마인가? _____원

- 이 달에 저축하고 싶은 돈은? _____원

- 1주일에 사용할 수 있는 돈은? _____원

- 하루 동안 사용할 수 있는 돈은? _____원

- 용돈을 모아 특별히 사고 싶은 것이나 하고 싶은 일이 있나요?
  _____
  _____
  _____
  _____

- 그 이유는 무엇인가요?
  _____
  _____
  _____
  _____

| 20   년   월   일   날씨 : |

이곳에 오늘 쓴 영수증을 붙여주세요

오늘의 지출 합계 :   원

필요한 지출과 그 이유	● ●
불 필요한 지출과 그 이유	● ●

20　　년　　월　　일　　날씨 :
이곳에 오늘 쓴 영수증을 붙여주세요
오늘의 지출 합계 :　　　　　　원

필요한 지출과 그 이유	● ●
불 필요한 지출과 그 이유	● ●

20 년　　월　　일　　날씨 :	
이곳에 오늘 쓴 영수증을 붙여주세요	
오늘의 지출 합계 :	원

필요한 지출과 그 이유	● ●
불 필요한 지출과 그 이유	● ●

20　년　　월　　일　　날씨 :
이곳에 오늘 쓴 영수증을 붙여주세요
오늘의 지출 합계 :　　　　　　　　　　원

필요한 지출과 그 이유	● ●
불 필요한 지출과 그 이유	● ●

20   년   월   일   날씨 :

이곳에 오늘 쓴 영수증을 붙여주세요

오늘의 지출 합계 :   원

필요한 지출과 그 이유	● ●
불 필요한 지출과 그 이유	● ●

20　　년　　월　　일　　날씨 :
이곳에 오늘 쓴 영수증을 붙여주세요
오늘의 지출 합계 :　　　　　　　　　　원

필요한 지출과 그 이유	● ●
불 필요한 지출과 그 이유	● ●

20   년   월   일   날씨 :

이곳에 오늘 쓴 영수증을 붙여주세요

오늘의 지출 합계 :   원

필요한 지출과 그 이유	● ●
불 필요한 지출과 그 이유	● ●

_____월 _____주 지출 합계

월 일 요일	원
월 일 요일	원
월 일 요일	원
월 일 요일	원
월 일 요일	원
월 일 요일	원
월 일 요일	원
일주일 동안 쓴 금액	**원**

○ 나의 용돈: 원
○ 지난 주 남은 용돈: 원
○ 이번 일주일 동안 쓴 금액 :   원
△ 현재 나에게 남아 있어야 하는 금액 :   원
□ 실제로 나에게 남아 있는 금액 :   원
☆ 현재 나에게 남아 있어야 하는 금액과 실제 남아 있는 금액이 같은 가요? (△=□)
★ 만약 다르다면 왜 그런지 이유를 찾아 보세요.

20   년   월   일   날씨 :

이곳에 오늘 쓴 영수증을 붙여주세요

오늘의 지출 합계 :	원

필요한 지출과 그 이유	• •
불 필요한 지출과 그 이유	• •

20   년   월   일   날씨:

이곳에 오늘 쓴 영수증을 붙여주세요

오늘의 지출 합계: 원

필요한 지출과 그 이유	● ●
불 필요한 지출과 그 이유	● ●

20   년   월   일   날씨 :

이곳에 오늘 쓴 영수증을 붙여주세요

오늘의 지출 합계 :   원

필요한 지출과 그 이유	● ●
불 필요한 지출과 그 이유	● ●

20　　년　　월　　일　　날씨:

이곳에 오늘 쓴 영수증을 붙여주세요

오늘의 지출 합계: 　　　　　　　원

필요한 지출과 그 이유	● ●
불 필요한 지출과 그 이유	● ●

	20 년 월 일 날씨:

이곳에 오늘 쓴 영수증을 붙여주세요

오늘의 지출 합계 :   원

필요한 지출과 그 이유	●
	●
불 필요한 지출과 그 이유	●
	●

20　　년　　월　　일　　날씨 :

이곳에 오늘 쓴 영수증을 붙여주세요

오늘의 지출 합계 :	원

필요한 지출과 그 이유	● ●
불 필요한 지출과 그 이유	● ●

20   년   월   일   날씨 :

이곳에 오늘 쓴 영수증을 붙여주세요

오늘의 지출 합계 :   원

필요한 지출과 그 이유	● ●
불 필요한 지출과 그 이유	● ●

_____월 _____주 지출 합계

월 일 요일	원
월 일 요일	원
월 일 요일	원
월 일 요일	원
월 일 요일	원
월 일 요일	원
월 일 요일	원
일주일 동안 쓴 금액	**원**

○ 나의 용돈: 원

○ 지난 주 남은 용돈: 원

○ 이번 일주일 동안 쓴 금액 : 원

△ 현재 나에게 남아 있어야 하는 금액 : 원

□ 실제로 나에게 남아 있는 금액 : 원

☆ 현재 나에게 남아 있어야 하는 금액과 실제 남아 있는 금액이 같은가요? (△=□)

★ 만약 다르다면 왜 그런지 이유를 찾아 보세요.

20 년 월 일 날씨 :
이곳에 오늘 쓴 영수증을 붙여주세요
오늘의 지출 합계 :   원

필요한 지출과 그 이유	● ●
불 필요한 지출과 그 이유	● ●

20　　년　　월　　일　　날씨 :
이곳에 오늘 쓴 영수증을 붙여주세요
오늘의 지출 합계 :　　　　　　　　원

필요한 지출과 그 이유	●
	●
불 필요한 지출과 그 이유	●
	●

20　　년　　월　　일　　날씨 :
이곳에 오늘 쓴 영수증을 붙여주세요
오늘의 지출 합계 :　　　　　　　　원

필요한 지출과 그 이유	● ●
불 필요한 지출과 그 이유	● ●

20　　년　　월　　일　　날씨 :
이곳에 오늘 쓴 영수증을 붙여주세요
오늘의 지출 합계 :　　　　　　　원

필요한 지출과 그 이유	● ●
불 필요한 지출과 그 이유	● ●

20 년 월 일 날씨 :

이곳에 오늘 쓴 영수증을 붙여주세요

오늘의 지출 합계 :　　　　　　　　원

필요한 지출과 그 이유	●
	●
불 필요한 지출과 그 이유	●
	●

20 년 월 일 날씨 :

이곳에 오늘 쓴 영수증을 붙여주세요

오늘의 지출 합계 :   원

필요한 지출과 그 이유	● ●
불 필요한 지출과 그 이유	● ●

20   년   월   일   날씨 :

이곳에 오늘 쓴 영수증을 붙여주세요

오늘의 지출 합계 :   원

필요한 지출과 그 이유	● ●
불 필요한 지출과 그 이유	● ●

_____월 _____주 지출 합계

월 일 요일	원
월 일 요일	원
월 일 요일	원
월 일 요일	원
월 일 요일	원
월 일 요일	원
월 일 요일	원
일주일 동안 쓴 금액	원

○ 나의 용돈: 원

○ 지난 주 남은 용돈: 원

○ 이번 일주일 동안 쓴 금액 :   원

△ 현재 나에게 남아 있어야 하는 금액 :   원

□ 실제로 나에게 남아 있는 금액 :   원

☆ 현재 나에게 남아 있어야 하는 금액과 실제 남아 있는 금액이 같은 가요? (△=□)

★ 만약 다르다면 왜 그런지 이유를 찾아 보세요.

부모를 위한 용돈 교육 가이드

1. 용돈을 통해 가르칠 때 준수할 원칙

첫째, '계획력' 용돈은 액수가 한정되어 있으므로 효율적인 소비와 관리가 포인트가 된다. 일정 기간 동안 필요한 돈의 액수와 사용처를 미리 알고 계획을 세운 후 계획에 의해 사용하는 능력을 키우도록 한다.

둘째, '관리력' 비용 사용처에 대한 계획을 세울 수 있다면 그와 동시에 계획에 의한 집행이 되도록 관리를 할 수 있어야 한다. 이러한 관리를 위해 용돈기입장을 쓰고, 영수증을 모으는 등 보다 비주얼한 도구들을 사용하게 된다.

셋째, '자제력' 아이는 삶을 위해 꼭 필요한 '니즈(needs)'와 개인적으로 윤택하게 하려는 '욕구(wants)'를 구분하지 못하는 경우가 많다. 즉, 반드시 사용해야 하는 경우와 그렇지 않고 자제해야 하는 경우의 구분이 잘 되지 않는다. 이 부분에서 부모와 충돌이 가장 많이 일어난다.
물론 생활이 윤택해지기 위해서는 '욕구'가 충족되어야 하지만 자녀의 용돈 교육은 일단 '니즈'까지가 우선이다. 이러한 구분은 영수증을 모으면서 직접 용돈기입장에 붙이게 하면 의외로 쉽게 스스로 느껴 나갈 수 있다.

넷째, '미래 대비' 성인들은 보험을 통해 미래를 대비하지만 자녀는 아직 미래에 대한 개념이 희박하다. 지금의 만족이 미래 가치보다 큰 것이다. 눈에 보이지 않는 미래보다 내 눈앞에 보이는 현재가 큰 의미로 다가선다. 그래서 아이들에게 저축은 너무나도 어렵다. 저축을 하는 것은 미래 대비가 될 수 있으며, 또 다른 큰 소비를 위한 비축이다. 둘 중에서 고르자면 자녀에게는 후자, 즉 더 큰 소비를 위한 비축이 현실적이다. 이미 저축을 잘 하고 이해를 한다면 상관없지만 그렇지 않다면 후자의 방법을 활용해서 저축 습관을 길러주는 것이 좋은 방법이다.

다섯째, '수입원의 확대' 대부분의 부모들에게 수입원이 월급이듯이 자녀에게 유일한 수입원은 용돈이다. 수입을 늘릴 수 없는 상황에서 수요만 강조하다 보면 아껴 쓰는 것 말고는 미래를 대비할 수 있는 방법이 전혀 없다. 이러한 틀을 깰 수 있는 유일한 방법은 수입원을 늘리는 것이다.

이를 위해 두 가지 개념을 알려줄 수 있다. 우선은 생산적인 일에 참여해 대가를 받는 것이고, 두 번째는 돈이 돈을 벌게 하는 투자에 대해 알려주는 것이다. 은행의 이자에 대해 들려주고, 주식의 배당과 주가 상승, 채권의 수익 등 우리 사회에서 재테크라 일컬어지는 기초를 설명하면 효과가 좋다. 고학년 아이일 경우에는 적은 시간이나마 가정이나 동네에서 아르바이트를 하거나 벼룩시장에 참여해 수입의 확대를 기대할 수 있다. 이렇게 차츰 노동의 대가와 돈의 가치에 눈뜨게 된다.

2. 용돈 교육시 주의할 점

자녀에게 용돈을 주면서 어떤 기대를 가지고 있는가? 이유 없이 용돈을 주는 부모는 없다. 아이가 용돈이라는 일정 금액 안에서 합리적으로 돈을 안배해 생활을 유지하는 습관을 들이도록 하는 것이 중요하다. 모름지기 용돈의 존재는 '계획적인 지출과 자기관리' 라는 사고 형성에 큰 목적을 둔다.

용돈을 주는 목적은 부모의 필요에 의해서라기보다는 아이에게 미래에 보다 합리적인 소비활동과 계획관리 능력을 키워줄 수 있도록 훈련을 시키기 위함이다. 부모가 모든 것을 제공하고, 의사결정을 내려주면 당장은 편하지만 장기적으로 아이는 다른 아이에 비해 경제적 판단 능력이 떨어질 수밖에 없다.
부모가 대신 해주던 의사결정과 지출 결정을 하나씩 넘겨주어 아이가 주도적으로 올바른 판단을 내릴 수 있도록 해야 한다.

3. 용돈은 언제 얼마나 주어야 할까?

- 시기 | 보통 돈의 효용에 대해서는 유치원 연령(6~7세)이면 충분히 알고 있다. 스스로를 억제하고 관리하는 모습은 대략 초등 2~3년이면 보인다. 그렇기 때문에 집안 특성과 환경에 따라 초등 1~3년 사이쯤이 용돈을 주기에 가장 적절한 시기이다. 대신 용돈을 줄 때는 저학년이면 짧은 기간으로 주고, 고학년으로 갈수록 기간을 늘리면서 주는 게 좋다.

  저학년의 경우에는 3일이나 1주일 단위로 지급하고, 고학년으로 가면서 점차 기간을 늘려 중등 이상은 1개월 단위로 주면 된다. 저학년의 경우 오늘, 내일, 모레 정도의 계획수립은 가능하지만 아무래도 멀리 있는 날짜에 대한 감각은 떨어지기 때문에 장기간의 용돈 계획이 어려워진다. 어느 정도 용돈관리가 익숙해졌다 싶으면 학년과는 관계없이 아이의 능력 여부를 판단해 점차 기간을 늘려가는 게 좋다. 그러면 다른 생활에서의 계획 능력과 관리 능력도 함께 발달된다.

- 금액 | 용돈의 액수에 정해진 지침은 없다. 각 가정마다 적정한 경제 수준을 고려해 책정하면 된다. 우선 1개월 정도 아이에게 들어가는 돈을 별도로 기록한다. 교통비, 군것질비, 학원비, 여가비, 식대, 통신비 등을 관찰해 1개월 비용의 합을 내면 대략적으로 용돈의 기준이 잡힌다.

  합을 낸 값의 약 80% 정도를 아이의 용돈으로 산정하면 된다. 만일 합산된 금액에서 학원비는 빼고 싶다면 그 금액을 뺀 80%가 적당하다. 예를 들어 순수하게 아이에게만 한 달에 5만원가량을 쓰면 용돈은 4만원 선으로 한다. 100%보다는 약간 부족하게 주어야 아이가 계획성 있게 지출을 관리하기 때문이다.